Josef Probst

Rauhnächte im Bayerischen Wald

Mythen, Orakel,
Sagen und Brauchtum

Impressum

Rauhnächte im Bayerischen Wald
2016

Fotos und Texte
Josef Probst
Titelseite
www.fichterdesign.de

Herausgeber
Ohetaler Verlag
Finkenweg 13, D 94481 Grafenau
Tel.: 0049(0)8552 4200
Fax: 0049(0)8550 42050
www.ohetaler-verlag.de
E-mail: Ohetaler-Verlag@gmx.de

ISBN
978-3-95511-052-9

Inhaltsverzeichnis

Glasrucka

Rauhnachtsgruppen

Das Buch widme ich meiner Frau Katharina,

die mir die Zeit schenkt,

die ich benötige,

um diese Bücher zu schreiben.

Vorwort

Liebe Leserinnen und Leser,

als mich der Autor fragte, ob ich ein Vorwort zu diesem Buch beisteuern kann, habe ich kurz gezögert, nicht weil mich das Thema nicht interessiert und auch nicht wegen des Autors. Ich habe gezögert, weil es eine besondere Ehre ist, wenn man ein Vorwort schreiben darf und ich möglicherweise kein Experte in Sachen „Rauhnacht im Bayerischen Wald" bin.

Sie lesen heute dennoch von mir, denn ich hoffe, dass wir alle nach dem Lesen dieses Buches uns viel mehr mit den Rauhnächten in unserer Heimat auskennen. Ich persönlich stamme aus Bodenmais. Was in anderen Regionen die Rauhnacht ist, ist für uns das Wolfauslassen. Eigentlich sind die beiden Bräuche irgendwie miteinander verwandt. Denn bei beiden sollen die bösen Geister, die in den kalten Wintermonaten vom Berg herab ins Dorf ziehen, vertrieben werden. Was dem Bodenmaiser das Geläut, das ist in anderen Orten die Perchtenmaske. Beide gemein ist die Vertreibung des Bösen.

Der Autor Josef Probst führt uns in die Welt der Riten und der Sagengestalten. Er berichtet über Brauchtum und Orakel und ich freue mich schon darauf das Buch zu lesen.

Ich wünsche den Leserinnen und Lesern viel Vergnügen mit dem Buch. Dem Autor und dem Verlag wünsche ich viel Erfolg.

Ihr

Michael Adam

Landrat

Dreiflüsseteufel Passau

Wissenswertes über die Rauhnächte

Dreiflüsseteufel Passau

Woher kommt der Ausdruck Rauhnacht?

Dies ist leider nicht mehr eindeutig nachzuweisen; es gibt vier verschiedene Erklärungsansätze:

- Von „rauhe Nacht", da es in diesen Nächten sehr rauh und grob zu geht. Wer sich nach dem Abendläuten aus dem Haus traut, dem kann es schlecht ergehen, da hier Geister, Dämonen und der Teufel freien Lauf haben. Wer erwischt wird, dem ergeht es schlecht.

- Eine weitere Erklärung ist die Abstammung vom altgermanischen Wort „Ruch", das so viel bedeutet wie Fell oder Haare. Dies soll auf die dämonischen Wesen hindeuten, die in dieser Nacht ihr Unwesen treiben. Sie sollen alle mit Fell überzogen gewesen sein, wie Tiere.

- Andere glauben, dass der Name von „raunen" kommt, da die Rauhnächte auch Losnächte sind, in denen man in die Zukunft schauen kann. Es wird einem die Zukunft ins Ohr geraunt, deshalb Raunnächte.

- Die letzte und meiner Meinung nach richtige Erklärung ist, dass das Wort Rauhnacht von „Rauchnacht" kommt. Für unsere heidnischen Vorfahren waren die Rauhnächte besondere Nächte, in denen sie zu ihren Göttern gebetet haben. Sie räucherten dabei, damit die Gebete und Wünsche mit dem Rauch zu den Göttern stiegen. Die Christen räucherten in dieser Zeit, um mit dem Weihrauch in den Rauhnächten das Böse vom Haus fernzuhalten oder es aus dem Haus zu vertreiben. Im Bayerischen Wald sagt man zum Rauch „Raah" und zu der Rauhnacht „Raahnocht", also Rauchnacht, was für mich eine schlüssige und logische Erklärung für den Namen Rauhnacht ist.

Wann beginnt und wann endet eine Rauhnacht?

Hier gibt es wieder unterschiedliche Deutungen:

- Im norddeutschen Raum ist man der Meinung, dass die Rauhnächte von 24 Uhr bis 24 Uhr des darauffolgenden Tages sind. Hier zählen praktisch Tag und Nacht zur Rauhnacht. Im Norddeutschen sind aber nur die 12 Rauhnächte von der Christnacht bis zur Dreikönigsnacht bekannt und somit auch nur dieser Zeitraum, die Differenz zwischen Sonnen- und Mondjahr. Was für diese Erklärung spricht:

1. Rauhnacht 25.12. 0 Uhr - 24 Uhr
   (beginnt in der Christnacht)
2. Rauhnacht 26.12. 0 Uhr - 24 Uhr
3. Rauhnacht 27.12. 0 Uhr - 24 Uhr
4. Rauhnacht 28.12. 0 Uhr - 24 Uhr
5. Rauhnacht 29.12. 0 Uhr - 24 Uhr
6. Rauhnacht 30.12. 0 Uhr - 24 Uhr
7. Rauhnacht 31.12. 0 Uhr - 24 Uhr
8. Rauhnacht 01.01. 0 Uhr - 24 Uhr
9. Rauhnacht 02.01. 0 Uhr - 24 Uhr
10. Rauhnacht 03.01. 0 Uhr - 24 Uhr
11. Rauhnacht 04.01. 0 Uhr - 24 Uhr
12. Rauhnacht 05.01. 0 Uhr - 24 Uhr
    (endet mit Beginn des Dreikönigstages)

- Im Bayerischen Wald ist überliefert, dass eine Rauhnacht mit dem Abendgebetläuten um 18 Uhr beginnt und mit dem Morgengebetläuten um 6 Uhr endet. Was somit nur die Nacht einschließt. Dies bedeutet aber, dass es 13 Nächte sind und nicht 12 wie im restlichen Teil Deutschlands. Die Zahl 13 steht aber für einen Neuanfang, es waren 12 Jünger/ Apostel und mit Jesus 13, die das Christentum begründeten und so eine neue Religion begannen. Die Zahl 13 steht aber auch für Unglück, Unheil und Pech, was in diesen Nächten auch zu erwarten ist. Im Bayerischen Wald gibt es außer diesen Nächten noch viele weitere Rauhnächte, auch vor christlichen Feiertagen, wobei der Feiertag selbst sicher nicht als Rauhnacht gedeutet wird, sondern nur die Nacht zum Feiertag – was wiederum auf diese Version als die richtige deutet.

1. Rauhnacht 24.12. 18 Uhr - 25.12. 06 Uhr
2. Rauhnacht 25.12. 18 Uhr - 26.12. 06 Uhr
3. Rauhnacht 26.12. 18 Uhr - 27.12. 06 Uhr
4. Rauhnacht 27.12. 18 Uhr - 28.12. 06 Uhr
5. Rauhnacht 28.12. 18 Uhr - 29.12. 06 Uhr
6. Rauhnacht 29.12. 18 Uhr - 30.12. 06 Uhr
7. Rauhnacht 30.12. 18 Uhr - 31.12. 06 Uhr
8. Rauhnacht 31.12. 18 Uhr - 01.01. 06 Uhr
9. Rauhnacht 01.01. 18 Uhr - 02.01. 06 Uhr
10. Rauhnacht 02.01. 18 Uhr - 03.01. 06 Uhr
11. Rauhnacht 03.01. 18 Uhr - 04.01. 06 Uhr
12. Rauhnacht 04.01. 18 Uhr - 05.01. 06 Uhr
13. Rauhnacht 05.01. 18 Uhr - 06.01. 06 Uhr

Religiöses hinter den Rauhnächten

Es gibt unterschiedliche religiöse Motive zur Entstehung der Rauhnächte. Meiner Meinung nach sind es zwei verschiedene Gründe, warum diese Nächte zu Rauhnächten wurden.

Das Erste sind die zwölf Rauhnächte von der Christnacht bis zur Dreikönigsnacht; dies waren für unsere Vorfahren, wie die Kelten und Germanen, heilige Nächte, die den Göttern geweiht waren. In dieser Zeit sollte man sich besinnen und den Göttern huldigen. Sie wurden auch Weihenächte genannt, den Göttern geweiht. Später wurde die Zeit dann Weihnachten genannt und Christi Geburt gefeiert. Um diese alte Götterverehrung aus den Köpfen der Menschen zu bringen, wurden diese heiligen Nächte von der katholischen Kirche in böse und schlimme Rauhnächte umgewandelt. Die alten Götter wurden zu Dämonen verrufen, die in dieser Nacht umgingen, wie am 21. Dezember der bluadige Dammerl, auch Dammer mitn Hammer genannt. Eigentlich war dies der Tag des Donnergottes Thor oder Donar genannt, dessen Zeichen sein Streithammer Mölnir war.

Dann gibt es im Bayerischen Wald noch die Rauhnächte unter dem Jahr, wie zum Beispiel die Walpurgisnacht, die in der gleichen Nacht ist, wie Beltane für die Kelten oder der Beginn des Sommerhalbjahres für die Germanen. Oder die Allerheiligennacht – hier wurde Samhain bei den Kelten und der Beginn des Winterhalbjahres bei den Germanen gefeiert. Diese und einige andere Nächte waren Kultnächte für die Religionen unserer Vorfahren; dies gefiel nun aber den Christen nicht und so wurden auch diese Nächte als böse Rauhnächte verrufen, in denen man besser nicht ins Freie gehen sollte, um zu feiern und den Göttern zu huldigen. Den Menschen wurde eingetrichtert, dass hier das Böse umgehe und man nach dem Abendläuten im Haus bleiben solle. So wurde nach und nach der alte Glaube in den Köpfen der Menschen durch das Christentum ersetzt.

Das Zweite sind die Rauhnächte, die vor christliche Feiertage fallen, wie die Karfreitags- oder die Fronleichnamsnacht. Hier wollten die katholischen Priester die Menschen davon abhalten, es am Abend vor dem Feiertag zu übertreiben. Wenn die Menschen wussten, dass der nächste Tag ein Feiertag war und man nicht zu viel zu arbeiten hatte, war die Verlockung groß, dass man im Wirtshaus und privat zusammensaß, trank und spielte. Dies ging oft bis tief in die Nacht hinein und endete meist nicht gut. Der Obrigkeit war dies ein Dorn im Auge und sie war der Meinung, dass ein guter Christenmensch in der Nacht vor dem Feiertag zu Haus bleiben und sich auf den Feiertag besinnen sollte. Es schickte sich nicht, wenn in der Nacht zum Karfreitag, dem Kreuzigungstag Jesu gefeiert, gespielt und gelacht wurde. So wurden auch diese Nächte als Rauhnächte verrufen und man sollte in der Nacht lieber im Bett liegen als sich im Wirtshaus herumzutreiben. Gleiches gilt für die Fronleichnamsnacht, nur geht hier das Böse auch am Tag um und wer nicht an der Prozession teilnimmt, dem kann es begegnen.

Meiner Meinung nach sollte man die Rauhnächte bewusst nutzen und sich in aller Stille besinnen, über die vergangene Zeit im Jahr nachdenken, die Zukunft planen und auch Gott für alles danken. Genau so wie es unsere Vorfahren gemacht haben, einfach in diesen Nächten sich Zeit für sich und die Familie nehmen, um damit Kraft für zukünftige Herausforderungen zu haben. Wer hat heute noch die Ruhe, ein Stück Kohle zu nehmen,

Weihrauch oder andere Harze darauf zu legen und zu räuchern und einfach zusehen, wie der Rauch aufsteigt oder zu beten, um Gott nahe zu sein, so wie unsere Vorfahren vor vielen Jahren.

Oberpfälzer Schlossteufel

Weihenächte

Für unsere Vorfahren waren die Nächte um die Wintersonnenwende die sogenannten Weihenächte. Diese Zeit war den Göttern geweiht, hier sollte ihrer gedacht und ihnen geopfert werden. Mit der Wintersonnenwende war die Macht des Dunklen gebrochen, ab da bekam das Licht wieder die Oberhand und der Tag wurde länger. In vielen Religionen wurde hier das Fest des Sonnengottes gefeiert, der die Nacht besiegt hatte, wie zum Beispiel bei den Kelten oder den Römern. In der heutigen Zeitrechnung ist die Nacht vom 20.12. auf den 21.12. die längste Nacht des Jahres, ab dem 24.12. beginnt der Tag länger zu werden. Die Menschen glaubten, dass der Sonnengott am 21.12. die Dunkelheit gestoppt hatte, dann wurde drei Tage zwischen Licht und Dunkelheit gerungen. Am dritten Tage, dem 24.12. gewann das Licht und ab diesem Tage wurde es täglich heller.

Diese Wintersonnenwende war für unsere Vorfahren ein so bedeutendes Fest, dass sie hier auch als Christen noch den alten Göttern huldigten und feierten, sie ließen sich nicht von dieser Tradition abbringen. Erst durch das Verrufen dieser Nächte als Rauhnächte vermieden es die Leute, hier nach Einbruch der Nacht das Haus zu verlassen.

Im vierten Jahrhundert nach Christus wurde der Tag von Christi Geburt auf den 24.12. festgelegt; viele setzten damals Christus mit dem Sonnengott gleich, der die Menschen zum Guten und ins Licht führt. Da erschien es ideal, den 24.12. als Tag seiner Geburt zu feiern, da hier auch das Tageslicht zu wachsen beginnt. Aus den Weihenächten um diesen Zeitraum wurde dann das christliche Fest Weihnachten gemacht. So legte man über den alten Glauben den christlichen Schleier, der die alten Götter verdecken und vergessen machen sollte.

D´Woid Krampal

Die „Zwölf Nächte" vom Christtag zum Dreikönigstag sind auch als Losnächte bekannt. Sie sollen gefährlicher als die anderen Nächte sein, da hier der Teufel nach dem Aveläuten umgeht.

Als Losnächte unter dem Jahr sind Fronleichnam, die Andreasnacht, der Kranzltag und Allerseelen bekannt.

In diesen Nächten soll man mit bestimmten Ritualen in die Zukunft sehen können.

Woher der Name Losnacht kommt, da gibt es verschiedene Deutungen:

Vom bayerischen Lusen (Hören), weil man in diesen Nächten in die Zukunft lusen (hören) kann.

Vom Los, da in dieser Nacht mit bestimmten Ritualen die Zukunft erraten werden kann, das heißt, man kann sein Los für das kommende Jahr voraussehen.

Nicht zu verwechseln sind die Losnächte mit den Lostagen, wie Siebenschläfer, Matthais, Kunigund ..., mit denen die Bauern das Wetter voraussagen konnten. Dies sind zwar auch Tage, an denen Wetter und Ernte vorausgesagt werden konnten, aber es sind keine bösen Tage.

Die größten und unheilvollsten Rauhnächte

Im bayerischen Raum gibt es drei besondere Rauhnächte, bei denen es in der Nacht wild und unheimlich zugehen soll. In diesen Nächten haben die Teufel und Dämonen die meiste Macht und begeben sich auf die Jagd nach Menschen, die zu später Stunde noch unterwegs sind.

Zu diesen Nächten zählen:

- Die Christnacht.

  In dieser Nacht wird die Geburt Jesu gefeiert und die Menschen besinnen sich sehr stark ihres christlichen Glaubens. Dies erzürnt die Teufel, Dämonen und besonders die alten Götter, die sich für den Verrat und den Glaubensabfall rächen wollen. Wehe denjenigen, die sie in dieser Nacht erwischen!

- Die Neujahrsnacht.

  Hier beginnt das neue Jahr. Die Teufel und bösen Geister versuchen in die Häuser zu gelangen, um hier von Anfang an Zwist, Ärger und Unheil für das folgende Jahr zu verbreiten.

- Die Dreikönigsnacht.

Dies ist die größte, unheilvollste, aber auch letzte Rauhnacht. Nach der letzten Rauhnacht müssen viele Dämonen und Rauhnachtserscheinungen wieder für lange Zeit in die Anderswelt, so zum Beispiel die

Wilde Jagd. So versuchen sich die Dämonen in den Häuser einzunisten oder zu verstecken. Die Wilde Jagd zieht ein letztes Mal über den Himmel und will noch gute Beute machen. In dieser Nacht ist es wichtig, Haus, Hof und Mensch mit Weihrauch und Gebeten zu schützen.

Im Bayerischen Wald gibt es nicht nur drei, sondern fünf große Rauhnächte. Es zählen noch dazu die Luziernacht, wo die bluadige Luzier ihr Unwesen treibt und die Dammerlnacht, wo der bluadige Dammerl durch die Dörfer zieht.

Passauer Dreiflüsseteufel

Verworfene oder verlorene Nächte

Das Mondjahr hat 354 Tage, ein Sonnenjahr hat 365 Tage. Somit ist das Sonnenjahr um elf Tage und zwölf Nächte länger als das Mondjahr. Dies sind die Nächte zwischen der Christnacht und dem Dreikönigstag. Die Germanen glaubten, dass diese zwölf Nächte nicht den Lebenden gehörten, sondern den Göttern geweiht waren, da sie außerhalb der Zeit liegen.

In diesen Nächten sollte den Göttern gehuldigt werden, zu ihnen gebetet, ihnen gedankt und für ihren Beistand geworben werden.

Diese alten germanischen Götter wurden im Zuge der Christianisierung zu Teufel und Dämonen. Auch die zwölf Rauhnächte wurden als böse Nächte verrufen, in denen diese Schreckensgestalten umgehen.

Rauhnächte früher und heute

Im 16. Jahrhundert löste der gregorianische Kalender den von den Römern eingeführten julianischen Kalender ab. Papst Gregor VIII. ließ den Kalender neu berechnen und fand heraus, dass der Tag ein wenig länger war als von den Römer angenommen wurde, so summierten sich während der Jahrhunderte einige Tage, dies wurde dann angeglichen. Vor der Kalenderumstellung war der Luziertag am 13.12. der kürzeste Tag und die längste Nacht, heute fällt dieses Ereignis auf den 21.12., den Dammerltag. Auch wurde im 16. Jahrhundert beschlossen, dass der 24.12. nun nicht mehr der letzte Tag des Jahres sein sollte, sondern der 31.12., der dem Papst Silvester I. geweiht war. Das Jahr begann nun nicht mehr mit Christi Geburt, sondern am 1. Januar.

So sind manche der Annahme, dass die Rauhnächte, die früher am Ende des Jahres angesetzt waren, von 13.12. bis 25.12. sein müssten.

Dieser Theorie zufolge wären es folgende Nächte:

Rauhnacht 13.12. - 14.12. Luziernacht

(Nacht des Sonnengottes)

Rauhnacht 14.12. - 15.12.

Rauhnacht 15.12. - 16.12.

Rauhnacht 16.12. - 17.12.

Rauhnacht 17.12. - 18.12.

Rauhnacht 18.12. - 19.12.

Rauhnacht 19.12. - 20.12.

Rauhnacht 20.12. - 21.12. Dammerlnacht

(Nacht des Donnergottes)

Rauhnacht 21.12. - 22.12.

Rauhnacht 22.12. - 23.12.

Rauhnacht 23.12. - 24.12.

Rauhnacht 24.12. - 25.12.

Neujahrsnacht bzw. Christnacht

Wenn man nach dem Sonnenjahr geht, ist die längste Nacht des Jahres am 21.12., drei Tage wird der Tag nicht länger und ab dem 25.12. beginnt das neue Sonnenjahr, was für diese Zeit der Rauhnächte sprechen würde, da der 25.12. der erste Tag des neuen Jahres ist und somit die zwölf unterschiedlichen Tage (Sonnen- und Mondjahr) vollendet sind.

Was heute noch für diese Theorie spricht, ist, dass die Luziernacht in weiten Teilen Bayerns als Rauhnacht angesehen wird.

Oberpfälzer Schlossteufel

Die Natur endet und beginnt von neuem

Zur Wintersonnenwende ist die Natur am Tiefpunkt angelangt. Alles ist gefroren, zugeschneit, die Sonne steht niedrig am Firmament und es gibt sehr wenig Tageslicht. Es ist die schlimmste Zeit für Pflanzen und Tiere, sie haben ihren Kreislauf auf das Minimale runtergefahren. Ab dem 24.12. fängt das Licht und somit das Leben wieder zu wachsen an, in den Samen der Pflanzen regt sich ab diesem Datum der Keim, er beginnt im Kern zu wachsen. Die Rehe, die in der Brunftzeit befruchtet wurden, haben das Wachstum des befruchteten Eies bis zu dieser Zeit unterbunden. Nun, da das Licht wieder mehr wird und die Natur zu erwachen beginnt, fängt es an, sich zu einem Embryo zu entwickeln. Tier und Pflanzen spüren, dass dieses Erwachen und dass die Natur von Neuem beginnt.

Genauso sollten wir Menschen diese Zeit um die Rauhnächte sehen. Das alte Jahr geht zu Ende, man soll abschließen und sich auf das neue Jahr vorbereiten. Diese Zeit der Ruhe soll genutzt werden, um zu überlegen: Was war im letzten Jahr und was will ich im neuen Jahr ändern? Wie will ich mein Leben in Zukunft weiterführen? Was ist mir wichtig, wo setze ich meine Prioritäten? Nutze die Zeit und finde zu dir, tanke Kraft und dann kann das neue Jahr gut beginnen.

Rauhnächte und die Kinder

Wenn die Zeit der Rauhnächte kam, war es früher eine schlimme Zeit für die Kinder. Zuerst kam am 6. Dezember der Nikolaus. Dieser bestrafte oder belohnte sie. Früher in den Dörfern war es für die Männer und Burschen ein Spaß, die Kinder zu erschrecken, darum gingen viele freiwillig als Nikolaus und Krampus durch die Dörfer. So konnte es sein, dass mehrmals am Tag ein Nikolaus und ein Krampus zu den Kindern kam und sie öfter vom Krampus eine mit der Reisigrute auf den Hintern bekamen; kaum war ein Nikolaus weg, kam bald der andere. Der Krampus war früher nicht so zimperlich wie heute, die Geschenke vom Nikolaus waren früher auch weniger, vielleicht ein paar Nüsse und etwas Schokolade. Den Kindern blieben also meistens nur die Schläge vom Krampus in Erinnerung.

War dann die Nikolauszeit vorbei, kam bald darauf am 13. Dezember die bluadige Luzier, die ganz blutverschmiert durchs Dorf ging. In einer Hand trug sie ein langes Messer oder eine Sichel und in der anderen einen Wetzstein, mit dem sie ständig wetzte. Die Luzier erschreckte die Kinder und verfolgte sie bis nach Haus, wo sie dann auch herumschlich und in die Fenster schaute. Man kann sich lebhaft vorstellen, dass dies einen bleibenden Eindruck bei den Kindern hinterließ.

Nach der Luzier kam am 21. Dezember der bluadige Dammerl. Dieser war ebenfalls blutverschmiert, trug in einer Hand einen Hammer, schwere Ketten oder ein langes Messer, in der anderen einen Topf mit Blut, in dem er immer rührte oder einen blutigen Sauhaxn. Da am 21. Dezember früher meistens geschlachtet wurde, war es für die Erwachsenen kein Problem, das Blut oder den

Sauhaxn zu besorgen. Den Kindern wurde erzählt, dass dies das Blut von den bösen Kindern sei. Der Dammerl schlug mit seinen schweren Ketten gegen die Stubentüre, so dass die Kinder da schon erschauerten, dann streckte er den blutigen Sauhaxn noch zur Tür herein, woraufhin die Kinder völlig verängstigt und weinend unter dem Tisch verschwanden.

Nach diesem 21. Dezember besuchte die Kinder keine Sagengestalt mehr, der Schrecken ging aber weiter bis zu Heiligdreikönig, denn da waren die Rauhnächte erst zu Ende. Die Menschen saßen damals oft zusammen und da es keinen Fernseher zur Unterhaltung gab, trafen sie sich jede Nacht und redeten miteinander. Dort wurden natürlich auch alte Sagen und erfundene Schauermärchen erzählt. Dies hörten dann auch wieder die Kinder und fürchteten sich vor den Rauhnächten. Die Erwachsenen blieben dann oft bis spät in die Nacht zusammen und redeten weiter, die Kinder aber mussten früher nach Hause und ins Bett gehen. Sie mussten alleine durchs Dorf gehen, die Nacht war stockfinster, da es damals noch keine Straßenbeleuchtung gab und im Kopf hatten sie die schrecklichen Geschichten, die sie gehört hatten. So war der Heimweg für die Kinder eine Tortur, hinter jedem Baum vermuteten sie eine Hexe oder einen Teufel, der es auf sie abgesehen hatte.

Keine Haare schneiden

In den Rauhnächten sollte man sich die Haare nicht schneiden lassen, da man sonst im darauffolgenden Jahr von Kopfschmerzen und Haarausfall geplagt wird.

Kein Glückspiel

In diesen Nächten darf kein Glücksspiel gespielt werden, wie zum Beispiel mit Karten oder Würfeln. Es würde Dämonen anlocken, die man nicht mehr aus dem Haus bringt.

Türen verschließen

Die Türen sollen nach dem Aveläuten geschlossen sein, so dass kein böser Geist ins Haus gelangt, zur Sicherheit sollten in den Rauhnächten die Häuser und Stallungen mit Weihrauch ausgeräuchert werden. Wenn ein Geist sich in den Rauhnächten im Haus festsetzt, bekommt man ihn das ganze folgende Jahr nicht mehr hinaus.

Streitigkeiten

In den Rauhnächten soll es keine Streitigkeiten geben, falls doch, sollte man diese bis zur letzten Rauhnacht wieder beendet haben, sonst wird einen der Streit das ganze folgende Jahr verfolgen.

Kräuter haben die beste Wirkkraft

In den zwölf Rauhnächten haben die Kräuter ihre beste heilende Wirkung. Schamanen und Hexen nutzen diese Zeit, um ihre Tränke und Salben zu bereiten. Die Kräuter werden im Sommer getrocknet und erst in den Rauhnächten verarbeitet.

Keine Finger- und Zehennägel schneiden

Finger- und Zehennägel dürfen nicht geschnitten werden, sonst fängt man sich Krankheiten an Händen und Beinen ein.

Viel Essen

Wenn man in den zwölf Rauhnächten viel isst, muss man das ganze Jahr keinen Hunger leiden. Wer in den Rauhnächten nicht mit dem Essen spart, dem wird das Essen das ganze nächste Jahr nicht ausgehen.

Es darf nicht gesponnen werden

Wer in den Rauhnächten Garn spinnt, der, so war man früher der Meinung, spinnt das Böse mit in das Garn. Aus diesem Garn wird später Kleidung gefertigt und wenn man sich diese Kleidung anzieht, trägt derjenige das Böse am Körper, direkt auf der Haut. Dies kann entweder schlimme Folgen für den Träger der Kleidung haben, wie Krankheit und Pech oder er bringt mit seiner Anwesenheit anderen Unheil.

Die Räder mussten stillstehen

In den Rauhnächten durften sich keine Räder drehen, weder Wagenräder, Spinnräder noch Wasserräder oder Mühlräder. Diejenigen, die das nicht befolgen, locken das Unheil an, es werden die Wagenräder brechen, die Wasserräder nicht genug Wasser mehr bekommen und die Ernte wird schlecht ausfallen, so dass sich die Mühlräder nicht mehr drehen. Auch wird behauptet, dass diese drehenden Räder das Chaos anlocken und dies im nächsten Jahr herrschen wird. Dieser Mythos geht darauf zurück, dass Arbeit in den Rauhnächten/Weihenächten verpönt war, man sollte der Götter gedenken, sich das alte Jahr durch den Kopf gehen lassen und das neue Jahr planen. Wer diese Nächte nicht zur Besinnung nutzt, der wird im neuen Jahr planlos sein. Verbringe diese Zeit nicht mit Arbeit, sondern tanke in diesen Nächten Energie und gehe gut und planvoll ins neue Jahr.

Wetterbestimmung

- Je kälter es in den Rauhnächten ist, umso wärmer wird der Sommer.
- Klarer Himmel in den Rauhnächten bringt eine gute Ernte.

Die Türen leise schließen

In den Rauhnächten soll man sich hüten, die Türen mit Schwung ins Schloss zu werfen. Wer die Türen mit einem lauten Knall schließt, lockt im neuen Jahr Blitz und Donner an. Genauso, wie die Tür in den Rauhnächten geknallt hat, genauso wird der Donner über dem Haus im neuen Jahr wüten und der Blitz wird einschlagen.

In den Rauhnächten darf keine Wäsche getrocknet werden

So heißt es oft in den alten Überlieferungen aus dem Bayerischen Wald. Wer in dieser Nacht die Wäsche zum Trocknen aufhängt, der lockt das Böse und den Tod ins Haus.

Hängt die Wäsche zum Trocknen über Nacht, so wäscht man im folgenden Jahr jemanden aus der Familie, das heißt, es stirbt jemand im Haus.

Besonders vorsichtig soll man bei weißer Wäsche sein, hier heißt es, dass sich in der weißen Wäsche die in den Rauhnächten umherziehenden Geister und Dämonen verfangen und sich darin festsetzen. Wer dann diese Wäsche wieder anzieht, zieht sich diese Geister und Dämonen mit an und somit das Unheil auf sich.

Auch heißt es, dass die Teufel in diesen Nächten auf den Wäscheschnüren sitzen und schaukeln und wenn die Wäsche daran hängt, sie mit ihnen in Berührung kommt.

In manchen Gegenden ist es Brauch, dies in jeder Rauhnacht zu beachten. In der Mehrzahl der Orte aber ist diese Regel nur an den schlimmen Rauhnächten zu beachten: in der Christnacht, der Neujahrsnacht und der Dreikönigsnacht.

Dieser Brauch zählt heute zu einem der letzten noch vollzogenen Rauhnachtsbräuche, die im Bayerischen Wald noch gelebt werden.

Ich denke, dass dieser Brauch noch auf die Grundlage zurückgeht, dass man in diesen Tagen den germanischen oder keltischen Göttern huldigen und sich besinnen soll, diese Tage sollten nicht zur Arbeit genutzt werden. Nun wurden diese Tätigkeiten mit Aberglauben behaftet, um die Menschen davon abzuhalten. Aber wie es immer mit solchen Mythen ist, kann auch ein Kern Wahrheit darin stecken und wir in unserer Familie halten uns daran.

Keine streunenden Tiere mit ins Haus nehmen

In den Rauhnächten gehen die Teufel und Dämonen um, sie versuchen in die Häuser der Menschen zu kommen, um dort im darauffolgenden Jahr Zwist, Ärger und Krankheit zu verbreiten. Diese Teufel und Dämonen, so glaubt man, dürfen nicht von allein ins Haus gehen, sie dürfen nur hinein, wenn sie jemand selber hineinbringt oder wenn sie eingeladen werden. So kann es sein, dass diese Schreckgestalten Tricks anwenden, um ihr Ziel zu erreichen. Einer davon ist, dass sie in die Gestalt eines Tieres schlüpfen, das von den Menschen nicht als Gefahr angesehen wird, wie eine junge Katze oder ein junger Hund. Die Menschen haben Erbarmen und Mitleid mit dem armen Tier, das ganz mutterseelenallein durch die kalte Nacht läuft oder sogar vor ihrer Tür sitzt, und nehmen es mit ins Haus. Das bedeutet, dass der Dämon oder Teufel nicht erkannt und freiwillig mit ins Haus genommen wird, wo dieser sich dann festsetzt und sein Unheil verbreitet.

Um vor solchen Teufeleien sicher zu sein, ist es ratsam, am Heiligdreikönigstag die ganze Wohnung mit Weihrauch auszuräuchern und somit das Böse, das es vielleicht geschafft hat, sich darin festzusetzen, zu vertreiben.

Rauhnachtsgeburten

Man sagt, dass die Kinder, in den Rauhnächten das Licht der Welt erblicken, ein Feingefühl für das Übernatürliche haben. Diese Rauhnachtsgeburten sollen sehr sensibel für Geistererscheinungen sein. Sie sollen in die Zukunft schauen können und ein gutes Gespür für das Übernatürliche haben.

D´Woid Krampal

Rauhnachtsumzüge

Diese Umzüge wurden nicht nur in den Alpen seit jeher vollzogen, sondern auch im Bayerischen Wald. Die Männer des Dorfes streichen sich das Gesicht schwarz an oder tragen dämonische Masken, ihre Kleidung besteht aus Tierfellen oder alten, zerlumpten Kleidungsstücken. Sie wollen einen schrecklichen, furchtbaren Eindruck hinterlassen. Der tiefere Sinn hinter dem Rauhnachtstreiben ist, das Böse, das in den Rauhnächten freien Lauf hat, von den Dörfern fernzuhalten. Wenn die Teufel und Dämonen durch die Dörfer ziehen, sollen sie sehen, dass in diesem Dorf schon das Böse ist, so ziehen die Dämonen und Teufel weiter in das nächste Dorf.

Die Rauhnachtsumzüge sollen nur dem Bösen vortäuschen, dass es nicht mehr in dieses Dorf kommen muss, weil hier schon Dämonen und Teufel am Werke sind.

Mit der Zeit kamen diese Umzüge immer mehr ab, die Zeiten waren schlecht, der Erste und Zweite Weltkrieg kam und keiner wollte sich mehr als Teufel verkleiden. So kamen diese Umzüge im Bayerischen Wald fast zum Erliegen. Nur im Alpengebiet wurde noch an dieser Tradition festgehalten, ein Grund war auch der dort früh einsetzende Tourismus. Für die Urlauber waren diese Umzüge natürlich ein Heidenspaß und so gewann diese Tradition wieder an Bedeutung. Die Masken und Kostüme wurden immer professioneller und gruseliger.

Mit der Zeit entdeckten auch die Waidler diese Umzüge wieder für sich und so wurden Rauhnachtsumzüge wieder im Bayerischen Wald abgehalten.

In folgenden Orten kann man die Rauhnachtsumzüge sehen:

- In Engelshütt bei Lam, jedes Jahr am 27. Dezember: Seit über zehn Jahren schon findet ein Rauhnachtsumzug mit anschließender Rauhnachtsparty statt. Etliche Rawuggerlvereine aus der näheren und weiteren Umgebung sind dort anzutreffen und führen auf dem extra angelegten Platz ihre Show auf.

- In St. Englmar ist der Rauhnachtumzug mit anschließender Party am 28. Dezember. Hier findet das Treiben am Dorfplatz und in den angrenzenden Gasthäusern statt.

- In Neuschönau findet am 5. Januar die Koishüttler Lousnacht statt, wo die Lusengeister auftreten und den Menschen das Fürchten lehren.

- Das größte Rauhnachtstreiben findet aber alle paar Jahre in Rinchnach statt. Die Widdersdorfer Wolferer laden die Rauhnachtsgruppen aus allen deutschsprachigen Ländern ein, um mit ihnen die größte Rauhnachtparty in Bayern zu feiern. Über 500 Mitwirkende nahmen 2012 am Rauhnachtsumzug teil, der von über 7.000 Besuchern gesehen wurde. Nach dem Umzug, bei dem die schrecklich-schaurigen Masken bewundert werden dürfen, wird in den Wirtshäusern in Rinchnach weitergefeiert bis tief in die Nacht.

  Die Rinchnacher Rauhnächte fanden bis jetzt 1991, 1999, 2003, 2009 und 2012 statt und werden mit Sicherheit weiter fortgesetzt.

Straßenkreuzungen in Rauhnächten

In den Rauhnächten gehören die Kreuzungen den Teufeln und Hexen, sie tanzen hier und man kann von ihnen unter bestimmten Voraussetzungen die Zukunft erfahren.

Das geht am besten in den folgenden Rauhnächten: der Luziernacht, der Thomasnacht, der Christnacht, Neujahrsnacht und der Heiligdreikönigsnacht. Man setzt sich in die Mitte der Kreuzung und zeichnet mit Dreikönigskreide einen Kreis um sich, man kann auch Salz kreisartig um sich streuen, der Kreis soll aber nicht zu klein sein, so dass einen die Teufel und Hexen nicht greifen können, überschreiten dürfen sie den Kreis nicht.

Um Mitternacht kann sich Folgendes abspielen:

Man sieht um zwölf Uhr die Umzüge des nächsten Jahres an der Kreuzung vorbeiziehen, Leichenzüge, Hochzeiten und so weiter, es kann natürlich sein, dass man seinen eigenen Leichenzug vorbeiziehen sieht.

Am besten eignen sich Kreuzungen, die zu einem Friedhof führen, wenn man die Leichenzüge sehen will und Kreuzungen zu Gasthäusern, wenn man eine Hochzeit sehen möchte, da sich dies ja dann wirklich im nächsten Jahr auf dieser Kreuzung abspielt.

Oder es erscheinen um Mitternacht die Hexen und Teufel auf der Kreuzung, tanzen und feiern miteinander, wenn diese dann aus dem Kreis heraus gefragt werden, was im nächsten Jahr passiert, müssen sie die Zukunft sagen. Da man sie aber bei ihrer Feier stört, sind sie sehr verärgert, sie versuchen mit allen Mitteln den Störenfried aus dem Kreis zu ziehen, um ihm etwas anzutun. Wenn sie ihn nicht greifen können, versuchen sie ihn mit allerlei Versprechungen aus dem Kreis zu locken. Wer ihnen glaubt und aus dem Kreis heraustritt, ist verloren.

Bei den meisten Sagen, die sich um dieses drehen, waren die Menschen, die das erlebt haben, für den Rest ihres Lebens sehr verstört und wollten nichts von dem Gesehenen erzählen, denn sie hatten ihren eigenen Tod prophezeit bekommen, der dann meist auch bald eingetreten ist.

Wetterorakel an den Rauhnachtstagen

Wer wissen will, wie im neuen Jahr das Wetter wird, soll an den Rauhnachtstagen genau mitschreiben. So wie das Wetter in den Rauhnächten und dazugehörigen Tagen ist, so ist es im darauffolgenden Jahr.

Wenn es am Tag schön ist, soll auch der Monat schön werden, regnet oder schneit es, soll auch der Monat verregnet werden. Ist es warm, wird auch der dementsprechende Monat war.

Wenn es zum Beispiel am Vormittag windig ist, wird es Anfang des Monats windig sein oder ein Sturm kommen. Regnet es am Vormittag und ist es am Nachmittag schön, wird die erste Hälfte des dazugehörenden Monats regnerisch und die zweite sonnig …

25.12. für den Januar

26.12. für den Februar

27.12. für den März

28.12. für den April

29.12. für den Mai

30.12. für den Juni

31.12. für den Juli

01.01. für den August

02.01. für den September

03.01. für den Oktober

04.01. für den November

05.01. für den Dezember

Wolfauslassen / Wolfausläuten

Der Römer Tacitus (56 n. Chr. - 117 n. Chr.) berichtete, dass die germanischen Hilfstruppen um die Wintersonnenwende ein lautstarkes Brauchtum pflegten. Die Sonne wird zur Wintersonnenwende immer schwächer und sie zeigt ihr Licht nur noch kurz. Da die Germanen glaubten, die Sonne sei hier am schwächsten, hatten sie Angst, dass sie dem Fenriswolf zum Opfer fällt. Er verfolgt laut alten Geschichten die Sonne und wird sie bei der Weltendämmerung verschlingen. Die germanischen Söldner wollten mit lautem Krach und Geschepper den Fenriswolf vertreiben und so die Welt vor dem Untergang schützen.

Der Fenriswolf ist uns heute nur noch als Markensymbol der Agip-Tankstelle bekannt.

Der Brauch wurde heutzutage umgewandelt und geht auf die Hirten zurück, die um Martini, dem 11. November, von den Hochweiden ins Dorf zurückkehrten und von Bauer zu Bauer zogen, um sich ihren Lohn abzuholen. Mit den Hirten und den Tieren kamen natürlich auch Raubtiere dem Dorf nahe, wie Bären und Wölfe, die den Herden folgten. So gingen die Hirten in den Wintermonaten mit den Glocken ums Dorf, um die Raubtiere fernzuhalten. Durch die Abgeschiedenheit des Bayerischen Waldes konnte der alte Brauch, wenn auch abgewandelt, überleben.

Passauer Dreiflüsseteufel

Wolfauslassen

Das Wolfauslassen findet in den Gemeinden im Bayerischen Wald um den 11. November statt. Es ziehen Gruppen von Haus zu Haus; eine Gruppe heißt Wolf, sie wird angeführt von einem Hirten, der an seinem Hirtenstab zu erkennen ist. Jedes Mitglied des Wolfes hat eine Glocke dabei, diese sind teilweise bis zu 1 Meter hoch und bis zu 50 kg schwer.

Die Gruppe geht zu jedem Haus im Dorf, hier wird so lange geläutet, bis jemand die Türe aufmacht, der Hirte sagt seinen Hirtaspruch auf und bekommt von den Bewohnern eine Geldspende, danach bedankt sich der Wolf mit einem kräftigen Läuten der Glocken, der Hirte gibt mit seinem Stock den Takt an und steuert so die Schnelligkeit des Läutens.

Ab und zu bekommen die Wolfauslasser noch einen Schnaps oder ein Bier zum Aufwärmen.

Der Wolf wird auch oft von Goißlschnalzern begleitet, Goißln sind bis zu 5 Meter lange Peitschen, mit denen auf der Straße vor dem Haus geschnalzt wird. Meisten sind mehrere Goißlschnalzer dabei, die dann im Takt gegeneinander schnalzen. Das Goißlschnalzen darf ab Anfang September geübt werden, was die Jugendlichen fast täglich am Dorfplatz abends üben.

Die Wölfe gehen am 11. November die ganze Nacht von Gasthaus zu Gasthaus und liefern sich Läutduelle mit anderen Gruppen, wo dann kräftig getrunken und teilweise auch gruppenweise gegeneinander gerauft wird, wenn sie sich nicht einig werden, wer der bessere Wolf ist. Dieses Treiben geht meistens bis in die Morgenstunden.

Am besten sieht man dieses Wolfauslassen in Rinchnach, wo viele Wölfe aus den verschiedenen Nachbardörfern zusammenkommen und am Dorfplatz einmarschieren und gegeneinander läuten. Der Wolf stellt sich hier im Kreis um den Hirten und läutet nach seinem Takt, danach ziehen sich die Wölfe in die Wirtshäuser zurück und feiern bis tief in die Nacht.

Mit dem Wolfauslassen wollte man früher, als es noch Wölfe im Bayerischen Wald gegeben hat, die wilden Tiere von den Ortschaften tief in die Wälder treiben, mit dem Verschwinden der Wölfe verschwand auch dieser Brauch aus vielen Ortschaften.

Hirtaspruch

(aus der Bischofsmaiser Gegend)

Kimmt da Hirt mit seina Girt,
hoad´s ganz Jahr mit Freid´n ausg´hirt.
27, 28 Wocha is a lange Zeit,
hot se da Hirta af Martini g´freit.
Da Hirta muass springa über Distl und Dern,
dass er oft ganz narrisch kannt wern.
Kimmt er hoam, steht a blaue Supp´n am Tisch,
sagt a ebbs von an bessern Essn,
haut erm Bäurin oane ei in d´Fressn.
Sagt a ebbs von am druckam Koh,
haut´s erm oane affe a´fs Lo´h.

De Bauern sand Lump´n,
koa Lucka möngs zein
und wenn er a Stückl einkimmt is denast zum g´rain.
Drum lega eng an Hirtastecka her am Tisch,
dass wisst´s dass morgn Martini is.

Hirte:	Wofl oh
Wolf:	Joh
Hirte:	Had´s olle da
Wolf:	Joh
Hirte:	Geht koana mehr o
Wolf:	Joh
Hirte:	Wos´n für oana
Wolf:	Da Nestscheißa
Hirte:	Den brauch ma ned, Woif riada

Der Wolf läutet mit den Glocken.

Räuchern

In den Rauhnächten wurden das Haus und der Stall ausgeräuchert, um sie von bösen Geistern zu befreien oder vor diesen zu schützen. Das Ausräuchern wurde schon in vorchristlicher Zeit betrieben, da man hier mit dem aufsteigenden Rauch zu den Göttern betete oder sie um etwas bat. Damals wurde natürlich kein Weihrauch verwendet, da es diesen bei den Germanen noch nicht gab. Stattdessen wurden einheimische Harze getrocknet und dann auf einem glühenden Stück Kohle oder Holz verbrannt. Hier gab es extra Räucherpfannen, in denen der Rauch durchs Haus getragen wurde. Auch verschieden Kräuter wurden verwendet, deren Rauch eine bestimmte Bedeutung zugeordnet war. Die Kräuter wurden zwischen zwölf und drei Uhr nachmittags an einem sonnigen Tag gesammelt und dann getrocknet.

Wichtig war genau dieser Zeitpunkt, da, wenn die Sonne am stärksten ist, die Heilkräuter ihre höchste Wirkung haben.

Beispiele:

- Johanniskraut sollte entspannend wirken.
- Weihrauch soll desinfizieren und segnend sein.
- Salbei soll die Konzentration fördern.
- Schafgarbe soll einen Blick in die Zukunft erlauben.
- Wacholder soll desinfizierend sein.
- Fichtenharz ist ebenso desinfizierend, mit Wacholdernadeln und Fichtenharz wurde früher in Krankenhäusern, Krankenstuben oder sogar in Räumen, wo

gerade ein Kind geboren wurde, geräuchert. Dies soll den Raum von Krankheitserregern und dem Bösen gereinigt haben.

Wichtig ist, dass man sich beim Räuchern Zeit nimmt, dem Rauch zusieht, wie er nach oben steigt. Unsere Vorfahren glaubten, dass mit dem Rauch unsere Gebete und Wünsche zu den Göttern aufsteigen.

Die Zeit, während das Räucherwerk langsam verbrennt und man dabei zusieht, beruhigt einen und man kann dabei Kraft und Energie tanken.

Den Rauch von dem, was jeweils geräuchert wird, nimmt man selbst auch über die Schleimhäute auf und so kann man auch die gewünschte Reaktion des Körpers beeinflussen.

In der Kirche wird nur noch Weihrauch verwendet, so kam mit der Zeit das Räuchern von Kräutern ab. Auch das Räuchern in den Rauhnächten wird immer weniger, es wird heutzutage nur noch in der Dreikönigsnacht (Epiphanienacht) geräuchert.

Hexen und Schamanen

In den Rauhnächten haben die Hexen und Schamanen die meiste Macht, da diese Zeit magisch belastet ist. Salben oder Tränke, die in diesen Nächten erstellt werden, sollen die stärksten und wirkungsvollsten des Jahres sein. Die verwendeten Kräuter entfalten in dieser Zeit die höchste Wirkung. Die Zaubersprüche und Gebete, die zu der Herstellung gesprochen werden, wirken in dieser Zeit durch die vorhandene Magie vervielfacht.

Auch bestimmte Rituale, wie das Anfluchen, das Anwünschen oder gar das Bannen von Menschen sind durch die magische Zeit verstärkt.

Die Tore zur Totenwelt stehen in den Rauhnächten offen, das heißt, man kann sich durch bestimmte Rituale mit den Verstorbenen in Verbindung setzen und sie um Rat oder Hilfe bitten. Besonders die Schamanen nutzen diese Zeit. Sie besuchen die alten keltischen oder germanischen Opferorte, da sie glauben, dass dort die Verbindung ins Jenseits besser ist.

In diesen Nächten können die Hexen Pakte mit den Teufeln und Dämonen schließen, die ihnen dann übers Jahr beistehen sollen.

Leider gibt es momentan sehr viele Menschen, die sich mit der Hexerei und dem Schamanismus beschäftigen. Es werden wieder Rituale, Geister- und Totenbeschwörungen vollzogen, ohne dass diese Menschen wirklich mit der schwarzen Magie vertraut sind. Sie probieren und testen aus, was sie oberflächlich in Büchern lesen, ohne sich dabei bewusst zu sein, was dies bedeuten kann, oder welche Auswirkungen es haben wird. Es werden an Opferplätzen Rituale vollzogen, um diese Wesen wieder gnädig zu stimmen. Auch der Gedanke an menschliche

Blutopfer ist teilweise in ihren Köpfen, wie ich selber aus den Mündern sogenannter Schamaninnen gehört habe.

Zaubersprüche oder Rituale zum Erreichen von eigenen Wünschen oder zum Schaden anderer werden an solchen Orten vollzogen.

Jedem sei geraten, solche Menschen zu meiden und sie nicht um Hilfe zu bitten, denn sie wissen oft nicht, was sie tun. Oft kommt das, was man jemandem angewünscht hat, vielfach negativer zurück.

Wer gibt irgendjemandem das Recht, die Toten zu rufen, nur damit man sich mit ihnen unterhalten kann? Die Toten haben ihre Ruhe verdient. Wenn sie jemandem was sagen wollen, kommen sie freiwillig und nicht unter dem Zwang eines Rituals. So kann man sich den Zorn der Toten auf sich ziehen.

Wie wollen diese Hexen und Schamanen sicherstellen, dass genau dieser Geist kommt? Es besteht die Gefahr, dass ein böser, missgestimmter Geist gerufen wird und dieser nicht mehr aus dem Haus zu bringen ist. Viele Geschichten gibt es, wo die falschen Geister beschworen worden sind – die Hexen und Schamanen verlassen nach der Zeremonie das Haus und man ist allein mit diesem Geistwesen. Genau dann wird wieder gern ein katholischer Pfarrer gefragt, der die Sache bereinigen soll.

Hexen und Schamanen stammen aus der alten, vergangenen Zeit und dort sollte man sie auch belassen.

Freilich mag es welche geben, die ihre Sache verstehen, die gesegnet sind mit solchen Fähigkeiten, aber wie kennt man diese von den vielen anderen weg? Ich hatte während meiner Arbeit mit einigen Kontakt und meine Meinung ist, dass über 90 Prozent Scharlatane sind. Sicher, sie können beschwören, aber wissen sie wirklich, was sie tun?

Eine Rauhnachtgruppe darf nie zu fünft gehen

Eine Rauhnachtsgruppe wollte an einem Rauhnachtspektakel teilnehmen, aber leider hatten nur fünf Mitglieder der Truppe Zeit. Sie dachten sich, lieber mit wenigen teilnehmen als gar nicht. So kleideten sie sich ein und machten sich bereit. Als sie dann die Krampusmasken aufsetzten, fiel einem der Gruppe auf, dass auf einmal sechs Personen anwesend waren. Da fragte er, wer der sechste Teilnehmer sei, da er auch die Maske nicht kannte. Dieser antwortete nicht. Die anderen wurden nun auch aufmerksam und drehten sich zu diesem Krampus um. Als dieser schweigend stehen blieb, nahmen alle die Masken ab, um ihn genauer in Augenschein zu nehmen. Als alle die Maske abgesetzt hatten, war aber der seltsame Teilnehmer plötzlich wie vom Erdboden verschluckt. Alle wunderten sich und glaubten an einen Streich, den ihnen jemand spielte, so setzten sie ihre Masken wieder auf und wollten losgehen. Doch da war auf einmal wieder dieser unbekannte sechste Krampus. Wieder setzten alle ihre Masken ab und wieder war er spurlos verschwunden. Nun war sich die Gruppe sicher, dass es hier nicht mit rechten Dingen zugehen konnte. Sie waren sich einig, dass sie diesmal nicht an der Veranstaltung teilnehmen würden und gingen nachdenklich nach Hause.

Es ist seit jeher unter den Rauhnachtvereinen bekannt, dass sie niemals nur zu fünft sein dürfen. Ein sechster Krampus wird sie begleiten, sobald sie die Masken aufsetzen. Denn dies ist der Teufel, dessen Zahl die 6 ist wenn alle die Masken aufsetzen, ist er nicht mehr wegzukennen und wird sie begleiten.

Perchten und Krampusse

Es gibt zwei Arten von diesen Gestalten, die schönen und guten Perchten und die hässlichen und bösen Perchten. Die bösen werden im Bayerischen Wald als Krampusse oder Rawuggerl bezeichnet.

Die guten Perchten waren bei den Menschen gern gesehen, sie vertrieben den Winter oder das Böse aus den Dörfern. Wer sie berührt, hat im nächsten Jahr viel Glück. Diese Art ist im Bayerischen Wald nicht bekannt. Im Bayerischen Wald war es düster und so trieben nur die bösen Krampusse ihr Unwesen. Bei Rauhnachtsumzügen sind neben den Krampussen auch regionale Sagengestalten, wie der wilde Eisengrein, der bluadige Dammerl, die Luz oder die Weckelin mitgezogen.

Der Name Krampus leitet sich von Krampen – Krallen ab oder auch vom bayerischen krampn ungezogen und böse, auch teilweise in der Bedeutung verdorrt und leblos. Es sind böse untote Dämonen mit langen Krallen aus uralten Zeiten. Sie haben in den Rauhnächten freien Lauf. Alte Überlieferungen berichten, dass es einst die alten Götter der Menschen waren, ihnen gehören die Rauhnächte. Hier suchen sie nach Menschen, die sich nicht an die Rauhnachtsgebote halten und sich nach dem Abendläuten im Freien aufhalten.

Der Krampus ist uns heute als Begleiter des Nikolaus bekannt, der mit ihm umhergeht, die bösen Kinder mit seiner Rute bestraft oder sie sogar in seinen Sack steckt und mitnimmt. Früher waren die beiden nicht zusammen unterwegs, entweder kam der gute heilige Nikolaus und beschenkte die Kinder oder der Krampus kam und holte die bösen Kinder.

Wer geht um
in den Rauhnächten

Die Habergoaß

Die Habergoaß ist eine Sagengestalt, die Ähnlichkeiten mit einer Ziege hat, auf zwei oder vier Beinen geht und größer als ein Mensch sein soll. Oft wird sie mit einem überlangen Hals beschrieben, der sie noch größer und furchteinflößender macht. Ihr Name leitet sich von Goaß, bayerisch für Ziege ab, Haber deshalb, weil sie im Herbst oft durch die Kornfelder, meistens Haferfelder springt. Für gewöhnlich wird sie nicht gesehen, sondern nur ihr Meckern im Wind gehört.

Diese Sagengestalt hat mehrere Bedeutungen. Einerseits soll sie, wenn sie im Frühjahr gesehen oder gehört wird, Fruchtbarkeit und gute Ernte bringen. Andererseits fürchten sie die Bauern, wenn sie das Meckern in den Herbststürmen hören, da sie dann wissen, dass sie durch ihre Felder springt und das Korn bricht und niederdrückt und so die Ernte zerstört. Oft fand man in den vom Sturm zerstörten Feldern die Hufabdrücke einer Ziege – es schaute aus, als wäre diese wild durch das Feld getanzt, so lange, bis es völlig zerstört war.

In den Rauhnächten aber war sie sehr gefürchtet, keiner wollte sie sehen oder hören. Sie galt als Todesbringer oder Todesbote; wer sie sah oder meckern hörte, wusste, dass er bald sterben musste.

Krampus

Der Krampus ist heute in unserer Gegend der Begleiter des Nikolaus, er trägt den Sack mit den Gaben und hat für die bösen Kinder eine Reisigrute dabei, die er sie spüren lässt – oft kommt es aber vor, dass der Krampus gar nicht mehr mit darf, weil die Eltern ihre Kinder nicht ängstigen wollen.

Der Krampus hat heute ein geschwärztes Gesicht und einen Mantel mit einer Kapuze an.

In früheren Zeiten war der Krampus eine Schreckgestalt für die Kinder; es kam am 6. Dezember entweder der Nikolaus oder der Krampus zu ihnen, je nachdem wie brav oder böse sie das Jahr über waren.

Der Krampus hatte früher ein Ziegen- oder Bockfell an, eine Maske mit Hörnern auf dem Kopf und einen Sack dabei, um die bösen Kinder mitzunehmen.

Wenn er durch die Dörfer ging, drohte er den Kindern Prügel an. Was früher nicht selten der Fall war, dass er die Prügel auch wahr machen durfte, von den Eltern aus, oder schlimmer noch: die Kinder in seinen Sack zu stecken und mitzunehmen.

Die Eltern drohten den Kindern früher, „wenn ihr nicht brav seid, nimmt euch der Krampus mit." Die Kinder waren dann meistens brav, besonders am 6. Dezember. Die Kinder, die es nicht glaubten, steckte der Krampus in den Sack und nahm sie mit, meisten nur bis vor die Haustür, wo sie dann erleichtert wieder freigelassen wurden.

Es gibt aber auch Erzählungen, wo Eltern den Kindern immer sagten, dass sie brav sein sollten, da sonst der Krampus käme. Den Kindern war dies aber egal, weil sie nicht an den Krampus glaubten. Als dann der Krampus kam, fragte er die Eltern, ob die Kinder brav waren oder ob er sie mitnehmen solle. Die Eltern sagten ihm, dass die Kinder böse waren und er sie mitnehmen könne, in der Meinung, dass er sie vor der Tür wieder freilassen würde. Der Krampus fragte die Eltern noch zweimal, jedes Mal sagten sie, „nimm sie mit". Da steckte er die Kinder in den Sack und verschwand mit ihnen. Die Eltern warteten im Haus, dass die Kinder wieder kamen, sie kamen aber nie mehr, der Krampus ist mit ihnen spurlos verschwunden.

Dies war der echte, böse Krampus, also Vorsicht, wenn der Krampus ohne den heiligen Nikolo kommt und fragt, ob er die Kinder mitnehmen darf – man weiß nicht, ob es nicht vielleicht der echte ist.

Die Wilde Jagd

Diese Erscheinung tritt ab Allerheiligen bis zum Dreikönigstag auf, im Bayerischen Wald wird sie Nachtgloit oder Nachtgleit genannt. Es sollen die alten Götter der Menschen sein, die mit einem wilden Heer durch die Lüfte ziehen. Als die Menschen im Bayerischen Wald den katholischen Glauben annahmen, verloren die alten Götter ihre Macht. Man erzählt sich, dass Jesus sie von der Erde gebannt hat. Sie dürfen keinen Fuß mehr auf die Erde stellen, nur in der dunklen Jahreszeit haben sie freien Lauf.

Wie entstand das Wilde Heer?

Alten Geschichten zufolge lag die Götterburg Walhalla einst im Bayerischen Wald. Wotan und seine Gefolgsleute beobachteten die Menschen von hier aus. Die Menschen wurden immer schlechter, so dass Wotan sie vernichten wollte und die ganze Götterschar zu einer großen Streitmacht sammelte. Er erhob sich mit dem Heer in die Luft um gegen die Menschen zu ziehen, als plötzlich Jesus den Bayerischen Wald heraufkam und ihm fiel ein Blutstropfen aus der Dornenkrone auf den Boden. Als das Blut die Erde berührte, fing ein großes Beben an und zerstörte die Götterburg Walhalla. Das Götterheer wurde in die Luft gebannt und durfte keinen Fuß mehr auf die Erde setzen, so entstand das Wilde Heer oder Nachtgloit, wie man im Bayerischen Wald sagt. Reste der Götterburg Walhalla sind heute noch zu sehen – dies soll der Quarz sein, der aus dem Bayerischen Wald ragt.

Das Heer zieht in den zwölf Rauhnächten über den Himmel und wer sich nach Einbruch der Nacht noch draußen aufhält, wird von ihm mitgenommen.

Beschrieben wird diese Erscheinung so:

Wenn man ruhig am Fenster sitzt und in die Herbststürme lauscht, kann man das Wilde Heer hören: Pferde wiehern, Hunde bellen, Schlachtgebrüll von wilden Kriegern. Auch kam es vor, dass Menschen in der Nacht gingen und plötzlich ein Getöse und ein Brausen aufkam; sie hörten Tiere schreien, Hexen lachen und Männer brüllen. Es hörte sich an, als ob ein großer Sturm hinwegziehen würde. Aber das Seltsame daran ist, dass sich kein Ästlein oder Zweiglein bewegt.

Wie kann man sich gegen das Wilde Heer schützen?

Laut alten Überlieferungen muss man sich flach auf den Boden legen und die Arme und Beine überkreuzen. So kann einem das Wilde Heer nichts anhaben. Macht man dies nicht, so wird man an den Haaren und Gliedmaßen gepackt und mitgerissen, durch Büsche und Bäume gezogen, gekratzt und geschunden, bis der Tag anbricht. Dann wacht der Mitgenommene irgendwo auf einem Dach oder Baumwipfel wieder auf. Oft wurden sie so weit weggetragen, dass sie die Sprache der Menschen dort nicht verstanden.

Manchmal hörte man auch schon, dass einige nicht mehr zurückgekommen sind. Es wurden nur noch Körperteile von ihnen gefunden.

Das Wilde Heer ist in vielen Regionen auf der ganzen Welt bekannt, in Amerika und England heißt es „wild hunt", in den nordischen Ländern „Odins Jagd" und in Deutschland „Nachtgloit, Wildes Heer oder Wilde Jagd".

Welchen Zweck verfolgt das Wilde Heer?

Hier gibt es mehrere Ansichten:

- Es ist auf der Suche nach den armen Seelen, die nicht freiwillig ins Jenseits wechseln. Der Teufel schickt sie, um diese verlorenen Seelen einzufangen.

- Das Wilde Heer hat nur in den Rauhnächten freien Lauf, da hier die Tore zur Totenwelt offen stehen, hier kommt es zurück und will sich an den Menschen rächen, die von ihrem alten Glauben abgefallen sind.

Die Wilde Jagd zieht über Oberfrauenau

Ein junger Mann ging in einer Novembernacht von Oberfrauenau nach Hirschbach. Als er gerade in einem Waldstück war, hörte er ein Brausen und Sausen, als ob ein großer Sturm aufziehen würde. Plötzlich waren in diesem Sturm Pferdewiehern, Hundegebell und grausame Schreie zu hören. Diese Stimmen hörten sich an, als ob viele Krieger in die Schlacht liefen und sie ihre Kampfeslust herausschrien. Der Mann war sich sicher, dass die Wilde Jagd im Anflug war. So warf er sich auf den Boden und kreuzte Arme und Beine, damit sie ihm nichts anhaben konnte. Als er seinen Kopf hob und nach oben sah, stellte er fest, dass sich kein Ästlein und kein Zweiglein rührte, obwohl die Geräusche ihn glauben

Oberpfälzer Schlossteufel

machten, mitten im größten Sturm zu sein. Sehen konnte er nichts. Es war tiefschwarze Nacht und seine Laterne war ausgegangen, als er sich auf den Boden geworfen hatte. Nach kurzer Zeit war der Spuk vorbei, als ob nie etwas gewesen wäre. So setzte er seinen Weg nach Hirschbach schnellen Schrittes fort, aus Angst, die Wilde Jagd könnte nochmal zurückkommen.

Weiße Haare durch die Wilde Jagd

Ein Mann war noch spät in einer Rauhnacht unterwegs. Er besuchte nach der Arbeit noch Bekannte und vergaß die Zeit. So kam es, dass er sich nach dem Abendläuten immer noch auf dem Nachhauseweg befand. Als er gerade aus einer Hohlgasse heraustrat und zu dem Feldweg, der zu seinem Dorf führte, gehen wollte, hörte er, wie ein starker Sturm aufzog. Als er zum Himmel sah, traute er seinen Augen nicht, er sah in den Wolken wilde Reiter, ein Dämonenheer, das schnell über das Firmament zog. Auch konnte er die Schreie der wilden Krieger und das Schnauben und Wiehern der Pferde hören. Vor lauter Angst lief er in die Hohlgasse zurück und versteckte sich, bis sich der Sturm ein paar Minuten später gelegt hatte. Als wieder alles ruhig war, lief er so schnell es ging in sein Dorf, zu seinem Haus und legte sich verstört ins Bett. Aber der Schrecken sollte noch kein Ende haben. Als der Mann am nächsten Tag aufwachte und ins Bad ging, stellte er fest, dass sein schwarzes Haar über Nacht schneeweiß geworden war. Zahlreichen alten Berichten über die Wilde Jagd zufolge ging es schon etlichen Menschen so. Wer sie sieht, der bekommt über Nacht schneeweiße Haare.

Rauwuggerl

Rawuggerl, Rauhwauggerl oder Rauwuggerl werden im Bayerischen Wald Wesen genannt, die anderswo Krampusse heißen. Es sind wilde Gesellen, die in den Rauhnächten ihr Unwesen treiben. Rawuggerl sind Geister oder Dämonen, die in den Rauhnächten ausgeschickt werden, um die bösen Menschen zu holen.

Sie haben schreckliche Fratzen und Hörner auf dem Kopf, sind am ganzen Körper mit Ruß beschmiert und haben alte Säcke als Kleidung an.

Früher wurden oft Kinder eingeschüchtert, indem man ihnen sagte:

- Wenn sie nicht brav sind, holt sie der Rauwuggerl.
- Wenn sie nicht vor dem Dunkelwerden zu Haus sind, erwischt sie der Rauwuggerl.

Heute sind diese Rauhwuggerl auf jedem Rauhnachtsumzug und jeder Rauhnachtsfeier zu sehen. Junge Männer und Frauen verkleiden sich als schreckliche Dämonen und erschrecken die Menschen.

Woher kommen die Rawuggerl?

Als Rawuggerl werden übergroße haarige oder mit Fell überzogene Gestalten mit grässlichen Fratzen bezeichnet, die in den Rauhnächten ihr Unwesen treiben. Alte Sagen berichten davon, dass es Dämonen aus lang vergessenen Zeiten sind, die durch Christus den Erlöser von der Erde verbannt worden sind. Nur in den Rauhnächten ist dieser Bann gebrochen, da diese Zeiten nicht den

Menschen, sondern den Geistern und Dämonen gehören. Hier versuchen sie sich an Mensch und Tier für ihren Bann zu rächen.

Andere erzählen, dass Menschen, die einen Pakt mit dem Teufel haben, in den Rauhnächten als Rawuggerl ihr Unwesen treiben und das Böse in die Welt tragen müssen. Diese Menschen haben den Teufel um etwas gebeten und dafür gehören sie in den Rauhnächten ihm und müssen als seine willigen Helfer durch die Nacht geistern.

Passauer Dreiflüsseteufel

Karfreitagsnacht

Karfreitagsnacht

Die Nacht von Gründonnerstag auf Karfreitag wird im Bayerischen Wald als eine schlimme Rauhnacht angesehen. In dieser Nacht wurde Jesus von seinen Häschern gefangen genommen und sein Leidensweg begann. Nach der Messe am Gründonnerstag schweigen die Kirchenglocken, das heißt, sie können mit ihrem heiligen Klang keinen Schutz mehr vor der Weiz bieten. Die Glocken werden erst in der Osternacht das erste Mal wieder läuten, bis dahin gibt es im Bayerischen Wald den Brauch des Ratschens. Hier wird mit Holzratschen von Haus zu Haus gezogen und ein Höllenlärm gemacht. Dies soll die Geister und Dämonen vertreiben, die bekanntlich keinen Lärm mögen. Auch wird in manchen Gemeinden bei der Kirche anstatt des Morgen- oder Abendläutens geratscht.

Am Karfreitag selber sind keine Erdarbeiten erlaubt. Wenn man in der Erde gräbt, soll angeblich in diesem Jahr jemand aus der Familie sterben. Ebenso durfte am Karfreitag kein Nagel eingeschlagen werden, dies zog Unheil auf die Familie. Aus Ehrfurcht für unseren Herrgott sollte dies unterlassen werden. Nach alten Erzählungen heißt es, wer hier einen Nagel einschlägt, der schlägt ihn in das Fleisch Jesu.

In der Karfreitagsnacht soll man des Leidenswegs Jesu gedenken und nicht in der Nacht unterwegs sein; wer dies trotzdem macht, dem wird der Teufel nachstellen.

Leiche übern Sonntag im Leichenschauhaus

Eine ältere Frau aus der Nähe von Cham verstarb am Gründonnerstag. Da der nächste Tag Karfreitag war und dann die Osterfeiertage kamen, konnte sie erst am Dienstag beerdigt werden. Den Bekannten der Frau war dabei sehr unwohl, da es im Bayerischen Wald heißt: Wenn jemand übern Sonntag im Leichenschauhaus liegt, nimmt sich der oder die Verstorbene zwei weitere aus dem engeren Umkreis mit.

Es half aber nichts, da an diesen hochheiligen Tagen keine Beerdigung stattfand.

Am Sonntag traf sich die Familie zu einem gemeinsamen Essen und wieder wurde über diesen alten Aberglauben geredet. Da ja am übernächsten Tag schon die Beerdigung war und bis jetzt alle gesund waren, glaubte keiner mehr daran. Sie taten es als Aberglauben ab und schmunzelten sogar darüber. Am Abend verabschiedeten sich alle und gingen nach Haus.

Der sogenannte Aberglaube holte sie aber am Montagmorgen ein, da sie hier vom Tod der Schwester der Verstorbenen hörten. Die Schwester war in der Nacht von Sonntag auf Montag ins Bett gegangen und nicht mehr aufgewacht. Nun ging das Tuscheln hinter vorgehaltener Hand los, ob an dem Aberglauben nicht doch etwas dran sei, aber da die Schwester auch schon im besten Alter war, wurde es von den meisten als Zufall abgetan.

Am gleichen Tage bekam der behinderte Sohn der am Donnerstag verstorbenen Frau einen Anfall, jede Hilfe kam zu spät. Er verstarb, bevor er ins Krankenhaus kam. Nun waren sich alle sicher, dass diese alte Weisheit wahr sei.

Walpurgisnacht

Walpurgisnacht – Rauhnacht – Freinacht

In der Nacht vom 30. April auf den 1. Mai ist die Walpurgisnacht; diese wurde im Bayerischen Wald als eine Rauhnacht bezeichnet. In dieser Nacht, so heißt es, sollen die Hexen ihren höchsten Festtag haben und ihren Hexensabbat feiern. Dies war meistens am höchsten Ort in der jeweiligen Gegend. Im Bayerischen Wald war der Arber verrufen, dass in dieser Nacht die Hexen sich dort trafen, zusammen feierten und tanzten. Dieser Glaube war so groß, dass die einheimischen Waidler den Arbergipfel bis weit ins 19. Jahrhundert mieden. Die Waidler glaubten, dass in dieser Nacht die Hexen mit ihren Besen durch die Lüfte flogen und schauten, ob sie einen Menschen, der sich nach dem Abendläuten im Freien rumtrieb, erwischen und martern könnten. Die Hexen flogen aus allen Dörfern des Bayerischen Waldes zum Arber, wo sie sich mit der mächtigsten Hexe, ihrer Herrin, der Arberhexe, trafen.

Ein Mann aus Bodenmais erzählte in den 1980er Jahren, dass er diesen Sagen über die Walpurgisnacht nicht glaubte, so beschloss er in dieser Nacht, auf den Arber zu steigen. Am Gipfel angekommen, sah er ein großes Lagerfeuer brennen, um das viele Frauen tanzten und ausgelassen feierten. Als er sich näher heranschlich, erkannte er auch einige Frauen, die aus Bodenmais kamen. Die Frauen hatten alle offene und zerzauste Haare, sie schrien und kreischten so laut sie konnten. Es war ein schauerlicher Anblick und so bekam er es mit der Angst zu tun und lief so schnell er konnte wieder zurück. Alle paar Meter drehte er sich um, ob ihm jemand folgte, aber er blieb unentdeckt. Wenn ihn die Leute baten, erzählte er diese Geschichte oft im Wirtshaus, dabei wurde er aber immer kreidebleich und der Angstschweiß stand ihm auf der Stirn. Er sagte, dass er nun die Bodenmaiser Hexen kenne, diese aber nicht beim Namen nennen dürfe, da sie ihm sonst etwas antun würden.

Die Kelten feierten in dieser Nacht das Fest Beltane, das den Beginn des Sommerhalbjahres symbolisierte. Beltane wird auch mit „helles Feuer“ übersetzt, was sich bis heute in den Maifeuern mancherorts überliefert hat. Der Arber soll früher für die Kelten ein heiliger Berg gewesen sein, wo angeblich die dreifaltige Göttin ihren Wohnsitz hatte. Die Kelten, die schon lange vor Christi Geburt im Donauraum angesiedelt waren, wallfahrteten von dort durch den Bayerischen Wald zum Arber. Eine markante Stelle, zwischen Hochzell und Arber, heißt „steinernes Tor“. Die Sage erzählt, dass der, der durch diese Felsschlucht geht, ewig leben soll. Das heißt, wer durch dieses Tor zum heiligen Berg wallfahrtet, lebt ewig, da er für sein Seelenheil diese gefährliche Wallfahrt auf sich genommen hat. Im Nordwald waren damals noch wilde, für den Menschen gefährliche Tiere heimisch, auch verbannte und ausgestoßene Menschen lebten sicher hier versteckt, so dass diese Reise zum Arber nicht ungefährlich war. Als dann die Missionare in den Nordwald kamen, gefiel ihnen dieser heidnische Wallfahrtsort gar nicht. Sie machten aus der dreifaltigen Göttin die Arberhexe. Vor der sich die Menschen in Acht nehmen sollten. Besonders dann, wenn die keltischen Feste gefeiert wurden, wie Beltane.

Die Germanen feierten in dieser Nacht zum 1. Mai das Frühlingsfest und zogen einen Baum aus dem Wald, der nach Meinung mancher Forscher den germanischen Weltenbaum darstellen sollte. Diesen Baum stellten sie dann in den Dörfern auf und feierten, dass die schöne

Jahreszeit begann. Dieser Brauch wird in der heutigen Zeit weitergeführt, nur wird der Baum nicht mehr als Weltenbaum, sondern als Maibaum bezeichnet.

Auch als Freinacht wird die Walpurgisnacht bezeichnet

Freinacht wird sie deshalb genannt, weil hier die Jugend des Dorfes die Nacht nutzt, um allerlei Streiche auszuhecken. Diese sollten dann straffrei ausgehen. Natürlich nur, wenn sie nicht in Vandalismus ausarten, was nicht der Sinn sein sollte. In der südlichen Oberpfalz um Cham wird diese Freinacht heute noch gelebt, so gibt es hier einige Bräuche dazu.

- Die Dorfjugend darf alles, was nicht niet- und nagelfest ist, mitnehmen, wie zum Beispiel Gartenmöbel, Gartenzauntüren, Fahrräder und was sonst noch im Garten rumsteht. Erwischen darf sich aber keiner lassen, sonst müssen sie die entwendeten Gegenstände wieder zurückstellen. Alles wird dann am Dorfplatz zusammengetragen und kann am nächsten Tag wieder abgeholt werden.

- Wenn die Burschen in ein Mädchen verliebt sind, stecken sie der Angebeteten eine Birke, die mit farbigen Bändern verziert ist, aufs Dach. Meistens wird diese an den Kamin oder auf die Vordächer gesteckt, wo sie jeder sehen kann.

- Alle vier Jahre bei einem Schaltjahr sind die Mädchen dran, den Burschen eine Birke aufs Dach zu stecken.

- Die Birke muss dann den ganzen 1. Mai auf dem Dach bleiben.

- Dearndl, die recht böse sind, bekommen entweder einen Reiserbesen, der in Mist getaucht wurde oder ein Dodermandl aufs Dach gesteckt. Ein Dodermandl ist eine aus Stroh gebunden Puppe, die angezogen wird wie ein Mensch. Diese Puppe bekommt dann noch einen Strick um den Hals und wird mit einem Stecken am Kamin angehängt. Das sieht aus, als ob jemand an einem Galgen am Kamin hängen würde. Dieser Reisigbesen oder das Dodermandl muss auch den ganzen 1. Mai hängen bleiben. Wer es vorher entfernt, muss eine Brotzeit mit viel Bier bezahlen.

Es ist auch Brauch, dass man Sprüche mit Kalk schreibt:

- Wenn zum Beispiel einer ein Geheimnis hat und meint, es weiß außer ihm keiner, aber alle anderen wissen es schon, wird dies auf die Straße vor seinem Haus oder auf die Haustüre geschrieben.

- Es werden auch Liebesgedichte von einem Verehrer vor die Haustüre geschrieben.

- Oder es ziehen ganz Gemeine eine Kalkspur von der Haustüre eines Hauses zur Haustür eines anderen Hauses. Diese Spur kann über mehrere Dörfer gehen. Diese Spur soll anzeigen, dass die Anwohner der beiden Häuser eine heimliche Affäre haben.

Oberpfälzer Schlossteufel

Hotshots
Frank Gesink

Fronleichnam

Fronleichnamsnacht

Die Nacht zum Fronleichnamstag wird als böse Nacht, als Rauhnacht angesehen. Kein Mensch soll sich nach dem Abendläuten mehr aus dem Haus wagen, es geht der Teufel in dieser Nacht um. In manchen Gegenden wurde am Mittwochabend vor der Fronleichnamsnacht auf unseren Herrgott Salut geschossen, ähnlich wie das Christkindlanschießen an Heiligabend. Dieses Salutschießen wurde am Fronleichnamstag morgens wiederholt. Der Sinn hinter dem Schießen war wiederum, dass durch den Lärm die Geister, Dämonen und der Teufel vertrieben werden sollten. Mit dem Aussterben der Böllerschützenvereine nach den Weltkriegen kam dieser Brauch ab. Am Fronleichnamstag selber findet eine Prozession mit dem Allerheiligsten durch die Straßen der Gemeinden statt. In der Zeit des Umzuges darf kein Mensch in den Wald gehen, denn dort geht der Teufel um. Er ist auf der Suche nach den Menschen, die nicht an dem Umzug teilnehmen und so Gott nicht ehren. Leider hat sich hier der Teufel viele Verlockungen ausgedacht, um immer wieder Menschen zu verführen, in den Wald zu gehen. Meistens sind dies Orte, wo ein Schatz versteckt sein soll und dieser nur am Fronleichnamstag, während der Prozession, zu sehen und zu bergen sei.

Eine solche Sage handelt vom Sattelbrunnen am Mühlriegel; dies war vor vielen Jahren einmal ein Bergwerk – wie alt es ist und was abgebaut wurde, da streiten sich die Gelehrten. Einige sagen, es wurde Gold abgebaut, andere erzählen von Rosenquarz, die einen meinen, es ist ein Bergwerk aus germanischer oder keltischer Zeit, die anderen glauben, dass es nicht so alt ist. Der Eingang dieses Bergwerkes ist offen, etwa 1,5 Meter im Durchmesser und rund. Der Gang führt etwa 18 Meter tief in den Berg hinein. Durch die mit der Zeit angefallenen Blätter vor dem Ausgang staut sich das Wasser im Bergwerk und ist heute kniehoch, weshalb es wahrscheinlich den Namen Sattelbrunnen bekam. An Fronleichnam, während der Prozession, soll in diesem Bergwerk der Teufel auf einer Truhe voller Gold sitzen. Wer sich um diese Zeit in den Stollen wagt und die Schatzkiste zu berühren vermag, dem gehört dieser Schatz. Ein Mann soll dies in den 1930er Jahren probiert haben. Er ging als junger Mann mit tiefschwarzen Haaren in das Bergwerk, als er es fluchtartig verließ, war sein Haar schneeweiß geworden. Er erzählte nie, was ihm in diesem Bergwerk widerfahren war.

Eine andere Geschichte zu diesem Bergwerk erzählt uns, dass hier einmal zwei Brüder nach Gold schürften, sie auch sehr viel fanden und dadurch beim Teilen zu streiten begannen. Ein Bruder soll vor lauter Neid und Habgier den anderen erschlagen haben. Aus Scham über seine Tat ließ er das gefundene Gold in der Bergwerkshöhle zurück und verschwand spurlos. Dieses Gold soll man heute noch am Fronleichnamstag in der Höhle sehen können, es soll durch die Bluttat verflucht sein und von der armen Seele des Mörders bewacht werden.

Andreasnacht

Andreasnacht

Die Andreasnacht vom 29. November auf den 30. November ist im Bayerischen Wald als Rauhnacht und als besonders gute Losnacht bekannt. In dieser Nacht sollen vom Abendläuten bis zum ersten Hahnenkrähen die Geister und Dämonen ihr Unwesen treiben. Kein gläubiger Mensch soll sich in dieser Zeit aus dem Haus trauen.

Die Andreasnacht ist ebenfalls als sehr gute Losnacht für Ledige bekannt. Wer will, kann in dieser Nacht seinen Zukünftigen oder seine Zukünftige erfahren.

Hier gibt es verschiedene Orakel:

- Man soll sich eine Schüssel voll Wasser vor das Bett stellen, um Mitternacht steht man dann auf, zieht sich nackt aus, wackelt an der Bettstatt und tritt gegen diese. Dazu sagt man folgenden Spruch auf:

Heiliger Andreas, i bitt di,
Bettstatt, i tritt di,
lass mir erscheinen
den Zukünftigen meinen.

Danach sieht man in die Schüssel mit dem Wasser und man soll das Gesicht des oder der Zukünftigen sehen können.

Hotshots
Frank Gesink

- Eine zweite Variante geht genau so, nur der Fragende soll dann in das Feuer des Ofens schauen, wo er das Gesicht der oder des Zukünftigen sehen kann.

- Laut alten Geschichten soll diejenige, die ihren zukünftigen Ehemann sehen will, in der Andreasnacht den Tisch decken und ein Mahl anrichten. Das Fenster oder die Tür muss offenbleiben über Nacht. Der Zukünftige wird um Mitternacht kommen und mit seiner zukünftigen Ehefrau das Mahl zu sich nehmen. Der zukünftige Ehemann wird danach wieder gehen und sich am nächsten Tag an nichts mehr erinnern. Aber Vorsicht, er wird in der Stube etwas zurücklassen, dieses darf auf keinen Fall weggeworfen oder verbrannt werden, es muss aber sehr gut versteckt werden, so dass es der Mann später nicht findet. Sollte er es doch finden, wird er sich daran erinnern, dass er unter einem magischen Zauber stand und es wird ein großes Unglück in der Familie passieren.

- Auch das Pantoffelwerfen kann in dieser Nacht vollzogen werden, dazu stellt sich die ledige Frau in die Mitte der Stube, mit dem Rücken zur Tür gedreht. Dann wirft sie einen Pantoffel über ihre linke Schulter. Nachdem der Pantoffel zu Boden gefallen ist, dreht die ledige Frau sich um und schaut, wie dieser liegt. Schaut die Spitze zur Tür, so wird sie das Haus verlassen und im darauffolgenden Jahr geheiratet.

Die Andreasnacht war auch eine gute Losnacht für das Wetter und die Ernte des darauffolgenden Jahres. So gab es den Spruch:

„Gibts in der Andreasnacht Schnee, tut das Korn und Weizen weh."

Das soll heißen, schneit es in der Andreasnacht, so gibt es eine schlechte Ernte, zumindest was über der Erde wächst.

Allerheiligennacht

Die Allerheiligennacht

Von 31. Oktober auf 1. November ist die Allerheiligennacht, diese wird im Bayerischen Wald als Rauhnacht angesehen. Die Kelten feierten in dieser Nacht Samhain, das Fest der Toten, was uns heute noch in Halloween erhalten ist. Für die Germanen war dieser Tag der Beginn des Winterhalbjahres, wo die dunkle und düstere Zeit begann. Dieses Denken ist uns heute noch erhalten geblieben, so soll die Weiz (der Spuk) ab dem November zunehmen. Die Albgeister tauchen vermehrt auf, wie der schwarze Geisterhund, die weiße Frau und die Irrlichter.

Ab dieser Nacht hat auch das Nachgloit, oder auch die Wilde Jagd genannt, freien Lauf. Diese Ansammlung von Sagengestalten ist auf der Jagd nach „armen Seelen", die nicht freiwillig ins Jenseits gehen und nach Menschen, die das Gebot nicht einhalten, in dieser Nacht im Haus zu bleiben. Diese Wilde Jagd endet erst am Dreikönigstag wieder.

In Sturmnächten kann man sie hören, wie sie mit dem Wind über den Himmel ziehen, Hundegebell, Pferdewiehern und Schachtrufe von wilden Kriegern.

Ebenfalls ziehen die Nebelgeister ab dieser Nacht mit den aufsteigenden Novembernebeln bis in die Ortschaften und versuchen die Menschen das Grausen zu lehren.

Diese Erscheinungen werden als Vorboten der Rauhnächte bezeichnet, die ab November freien Lauf haben.

Da die katholische Kirche den alten keltischen und germanischen Glauben abbringen wollte, legte man auf den 1. November das Allerheiligentagsfest, was der katholische Tag für das Gedenken an die Verstorbenen ist. Um die Feierlichkeiten des alten Glaubens zu unterbinden, wurde die vorhergehende Nacht zur Rauhnacht erklärt, wo es am besten sei, nach dem Abendläuten das Haus nicht mehr zu verlassen. Wobei dies auch schon vor den Christen eine schaurige Nacht war, für die Kelten waren in dieser Nacht die Tore zur Totenwelt offen und die Geister der Ahnen konnten ins Diesseits kommen. Wobei hier die Geister der Ahnen nicht als böse Geister angesehen wurden, sondern eher mit ihnen kommuniziert haben und um Rat gebeten wurden.

Passauer Dreiflüsseteufel

Allerseelennacht

Allerseelennacht

Die Allerseelennacht ist vom 1. November auf den 2. November. Sie galt im Bayerischen Wald als Rauhnacht, in dieser Nacht hatten die Toten freien Lauf. Dieser Glaube geht auf die germanische Religion zurück, die nicht, wie die Kelten glaubten, dass die Nacht der Toten am 1. November sei, sondern erst in der darauffolgenden Nacht. Die Germanen glaubten, dass in dieser Nacht die Toten ihre Gräber verlassen dürfen, deshalb war es ratsam, das Haus nach Einbruch der Dunkelheit nicht mehr zu verlassen, denn diese Nacht gehört nicht den Lebenden.

Laut alten Erzählungen heißt es, dass hier um Mitternacht in den Kirchen eine Messe für und mit den Verstorbenen ist. Wer sich heimlich in die Kirche schleicht, kann die Toten der Gemeinde dort sitzen sehen, aber er sollte aufpassen, dass er nicht erwischt wird, diese wandelnden Toten würden ihn an Ort und Stelle zerreißen.

Früher wurde in dieser Nacht besonders stark eingeheizt. Man war der Meinung, dass sich die „armen Seelen", die für ihre Sünden die kalte Pein leiden müssen, aufzuwärmen dürften. Die kalte Pein leiden Seelen, die nicht ins Jenseits wechseln dürfen, sie müssen tagsüber in dem kalten, feuchten Grab liegen und in der kalten Nacht ruhelos umhergeistern. Nur in der Allerseelennacht dürfen sie sich aufwärmen.

Wer in der Allerseelennacht am Friedhof vorbeigeht, der kann auf der Friedhofsmauer die verstorbenen Kinder sitzen sehen, die dort eingegraben wurden.

Bestimmte Orte waren in diesen Nächten besonders zu meiden, wie Totenbretter, Friedhöfe, Marterl und Unglücksorte. Alles, wo sich etwas mit dem Tod abgespielt hat, soll in dieser Nacht gemieden werden, da sich hier besonders die armen Seelen aufhalten.

Die katholische Kirche übernahm einen Teil des alten Glaubens und nannte den 2. November Allerseelen, er war den Seelen der Verstorbenen des vergangenen Jahres geweiht.

D´Woid Krampal

Nikolausnacht

Nikolausnacht

Die Nacht vom 5. auf den 6. Dezember ist im Bayerischen Wald als Nikolausnacht bekannt und ebenso als Rauhnacht. Am 6. Dezember wird des heiligen Nikolaus von Myra gedacht, in der Nacht zuvor geht er um und belohnt die braven Kinder oder bestraft die bösen.

Heutzutage gibt es Schokoladennikoläuse, Nüsse und allerlei andere Süßigkeiten für die Kinder, die ihnen vom heiligen Nikolaus gebracht werden.

Früher gab es sowas nicht, falls man überhaupt was bekommen hat, dann waren das Kletzen (getrocknetes Obst) oder ein paar Nüsse.

Seit dem 17. Jahrhundert hat der Nikolaus einen Begleiter, den Krampus, der mit seiner Rute die bösen Kinder bestraft.

Davor war man der Meinung, dass beide getrennt voneinander gehen, der heilige Nikolaus kommt zu den braven Kinder und der Krampus, damals auch böser Nikolaus genannt, kommt zu den bösen Kindern.

So war es in dieser Nacht ratsam, dass man zu Haus bleibt, denn es konnte durchaus sein, dass man dem bösen Nikolaus über den Weg läuft.

Da der Krampus in dieser Nacht sein Unwesen trieb, wurde diese Nacht auch als Rauhnacht bezeichnet.

Eine Geschichte aus der Nähe von Furth im Wald erzählt, dass eine Frau mit ihrem Sohn in der Nikolausnacht alleine zu Hause war. Der Sohn fragte immer seine Mutter, wann nun der hl. Nikolaus endlich da sei und er seine Geschenke bekomme. Die Mutter sagte ihm immer, dass er sicher bald kommen würde. Kurze Zeit darauf aber fragte der Sohn wieder. Das ging einige Zeit lang so dahin, bis die Mutter verärgert sagte: „Wenn du nicht bald ruhig bist, werfe ich dich aus dem Fenster und dann soll dich der Nikolaus mitnehmen.“ Natürlich meinte sie das nicht so, sie wollte nur ihrem Sohn Angst machen, so dass er endlich ruhig war. Aber es hielt nicht lange an und der Sohn quengelte schon wieder, wann nun der Nikolaus endlich komme. Da machte die Mutter das Fenster auf, nahm den Sohn und hielt ihn zum Fenster raus in die dunkle Nacht und rief: „Nikolaus, nimm diesen bösen Jungen mit, er will nicht folgen.“ Da wurde ihr das Kind aus der Hand gerissen und sie konnte nur noch sehen, wie er in die Höhe sauste und in der Dunkelheit verschwand. Da fing die Mutter zu schreien an, rannte vors Haus und suchte nach ihrem Sohn. Dieser war aber nicht zu finden, auch der vom Dorf zusammengestellte Suchtrupp konnte ihn in dieser Nacht nicht mehr finden. Erst am nächsten Tag fand man ein abgerissenes Ärmchen auf einem Feld außerhalb des Dorfes. Niemand hörte mehr etwas über den Verbleib des Jungen und alle waren der Meinung, der böse Nikolaus/ Krampus habe ihn geholt.

Oberpfälzer Schlossteufel

Nikolaus in der Erdnuss

Eine Erdnuss besteht aus zwei Hälften, wenn man diese auseinander trennt, bleibt auf einer Seite der Erdnuss ein Teil stecken, der die beiden Hälften zusammen gehalten hat. Betrachtet man dieses Teil, so sieht man darin ein Gesicht. Einen Bart, ein Gesicht und eine Bischofskappe. Den Kindern kann man dann erzählen, dass dies der Heilige Nikolaus sei.

Luziernacht

Die bluadige Luz(ier) – Luziernacht

Am 13. Dezember ging die bluadige Luz oder auch Luzier genannt um und trieb ihr Unwesen. Die Männer des Dorfes machten sich einen Spaß daraus, sich als bluadige Luzier zu verkleiden und die Kinder zu schrecken. Diese Rauhnachtsgestalt hatte meistens ein langes, blutverschmiertes Messer oder eine Sichel in einer Hand, die sie unaufhörlich mit einem Wetzstein schliff. Die Luzier war oft mit einem weiten Umhang und großem Hut, der das Gesicht verdeckte, bekleidet.

Die Luz schlich durch das Dorf, auf der Suche nach ihren Opfern, oft sagte sie dabei mit grausig verstellter Stimme einen Spruch auf:

A Schüssel voll Darm,
einen Topf voll Bluad,
Bauch aufschneiden, Bauch aufschneiden,
Steine ei stecka, Steine ei stecka,
wieder zur nahn.
In Regn ei werfa und dasaufa lossn,
da fischtn koana raus,
dann is für earm aus.

Bei diesem Spruch wird verdeutlicht, was die bluadige Luzier vorhat. Sie sucht die bösen Menschen auf und schneidet ihnen in der Nacht die Bäuche auf. Sie entnimmt das Gedärm und füllt dafür Steine hinein. Danach näht sie den Bauch wieder zu und zieht ihr Opfer zu einem Gewässer, wie einem See oder Fluss. Sollte das Opfer bis dahin alles überlebt haben, wirft sie es ins

Wasser, wo es elendig ertrinken muss, da es die Steine im Bauch unweigerlich unter Wasser ziehen.

Es war kein Wunder, dass die Kinder diese Schreckgestalt fürchteten und in dieser Zeit sehr brav waren, damit sie ja nicht von der Luz geholt wurden.

Auch gibt es Erzählungen, wo die bluadige Luzier von einer Frau gespielt wurde, die einen blutverschmierten Umhang trug, ihr Gesicht geschwärzt oder blutverschmiert, bis sie nicht mehr zu erkennen war. Diese kroch wollüstig am Boden auf dem Bauch in die Wirtshäuser, mit einem Messer in der Hand und versuchte, ihre Opfer zu fangen. Natürlich verließen alle fluchtartig durch die Fenster das Haus, als sie diese Gestalt sahen.

Was steckt hinter dieser Sagengestalt?

Bis 1582 war von 12. auf den 13. Dezember die längste Nacht des Jahres. Hier wurde erkannt, dass der damals gültige julianische Kalender nicht stimmte und er wurde von Papst Gregor VIII. auf den gregorianischen Kalender umgestellt; damit verschob sich die längste Nacht vom 20. auf den 21. Dezember. Heute erinnert nur noch das Lichterfest in den nordischen Ländern daran, das hier einmal die längste Nacht war. Gefeiert wird Luzia, die Lichtbringerin. Es ist der katholische Feiertag der heiligen Luzia von Syrakus.

Die katholische Kirche wollte mit diesem Feiertag einen alten Brauch der Kelten ersetzen. Die Kelten feierten zur Wintersonnenwende ihren Sonnengott Lugh, der in dieser Nacht die Dunkelheit besiegt und den Tag wieder wachsen lässt.

Auch im Spanischen ist uns das Wort luz für Licht noch überliefert. Ob sich die Bezeichnung von Luz oder Lugh ableitet oder eine Mischung aus beiden ist, kann nicht mehr genau nachgewiesen werden.

Dieser Tag war für unsere Vorfahren auch so etwas wie der Nikolaustag für uns heute, es kam Lugh, oder Luz genannt, und belohnte die braven Kinder oder bestrafte die bösen.

Der katholischen Kirche war es ein Dorn im Auge, dass die frisch bekehrten Christen immer noch an alten heidnischen Ritualen oder Feiertagen feierten, so ersetzten sie den Sonnengott Lugh durch die heilige Lucia. Um dann zu garantieren, dass die Menschen in dieser Nacht nicht doch noch an ihrem alten Glauben festhielten und feierten, wurde die bluadige Luz(ier) erfunden, die in dieser Nacht umgeht und den Menschen nach dem Leben trachtet.

Natürlich kann es auch sein, dass sich der Sonnengott Lugh von den Menschen betrogen fühlt und ihnen zürnt, da sie ihrem alten Glauben abgeschworen haben und den christlichen Glauben annahmen. So treibt er als bluadige Luz(ier) in dieser Nacht sein Unwesen und rächt sich an den Menschen, die er in dieser Nacht erwischt.

Jeder sei gewarnt, der in dieser Nacht das Haus verlässt.

Im Bayerischen Wald zählt die Luziernacht zu einer der großen und bösen Rauhnächte, in der es ratsam ist, das Haus nach dem Abendläuten und vor dem Morgenläuten nicht zu verlassen.

Wer ganz arg vom Druddrucken belastet ist, kann in dieser Nacht zur heiligen Lucia von Syrakus beten, sie soll abhelfen können.

Ein Spruch aus dem Bayerischen Wald lautet: „An Luzier geht der Tag irr“. Das soll heißen, dass sich der Tag, das

Tageslicht, verirrt und es den ganzen Tag nicht richtig hell wird. Was wiederum darauf hindeutet, dass dieser Tag bis vor 1582 der kürzeste Tag war.

Eine Abwandlung dieses Spruches heißt:

„An Luzier geht der Tag viar", was so viel heißen soll, dass ab dem Luziertag der Tag wieder länger wird und wieder vor die Nacht geht.

Oberpfälzer Schlossteufel

Dammerlnacht/ Thomasnacht

Die Nacht des bluadigen Dammerl

Vom 20. auf den 21. Dezember ist die Dammerlnacht, sie zählt im Bayerischen Wald zu den fünf größten Rauhnächten. Diese Nacht ist die längste des Jahres; es ist ratsam, hier nach dem Abendläuten und vor dem Morgenläuten das Haus nicht zu verlassen. Denn dann geht der bluadigeDammerl um.

Die Männer des Dorfes machten sich einen Heidenspaß daraus, einen der ihren als diese Schreckgestalt zu verkleiden und den anderen Dorfbewohnern das Fürchten zu lehren. Sie verkleideten ihn mit Ziegenfellen und verdeckten sein Gesicht. Der Dammerl war mit einer schweren rostigen Kette ausgestattet, womit er fürchterlich rasselte, wenn er durchs Dorf ging. Die Kinder verschwanden unter den Küchentisch, wenn der Dammerl in die Stube trat. Vor lauter Zorn, dass er die Kinder nicht erwischte, schlug er mit der schweren Kette auf den Tisch, so dass die Kinder noch mehr erschraken. Oft wurde der Dammerl anstatt der Kette mit einem großen Hammer, einem Schlegel, ausgestattet, mit dem er an die Haustüre schlug, wenn ihm nicht aufgemacht wurde.

Neben der Kette oder dem Hammer trug der bluadigeDammerl oft einen blutigen Sauhaxn bei sich, mit dem er die Haustüren bestrich, oder den er, bevor er in die Stube trat, zuerst durch die Türe schob. Man kann sich lebhaft vorstellen, welche Angst die Kinder bekamen, wenn sie in der Stube saßen, es klopfte und polterte und was sie dann als erstes sahen, war ein abgetrennter blutiger Sauhaxn.

In Bayern ist der 21. Dezember der Namenstag des heiligen Thomas, so wird dieser Tag auch Thomastag genannt. Der Thomastag galt als guter Schlachttag; hier wurde der Weihnachter geschlachtet und ein alter Spruch dazu lautet:

„Der Dammerl will Blut sehen, er zieht es der Sau aus dem Körper."

Es ist tatsächlich so überliefert, dass der Dammerltag ein sehr guter Schlachttag ist, da hier die Tiere am besten ausbluten.

Wie kam es zu der Rauhnachtsgestalt des bluadigen Dammerls?

Die Germanen beteten an diesem ihren Donnergott Donar oder auch Thor genannt an, dieser war der Beschützer der Menschheit und besonders der Frauen. Da die katholische Kirche den alten germanischen Glauben abbringen wollte, legten sie den Namenstag eines Heiligen auf diesen Tag, der so ähnlich wie der germanische Gott klang. So wurde aus dem Tag des Thors der Thomastag. Im Bayerischen sagt man zum Thomas oft Thommerloder gar Dammerl, da sich die alten Waidler schwer vom Glauben abbringen ließen. Um sie daran zu hindern, trotzdem an diesem Tag ihren alten Gott zu feiern, wurde die Legende des bluadigen Dammerl erfunden, der in der Nacht sein Unwesen trieb, damit sie ihre Häuser nicht verließen.

Aber vielleicht ist uns auch der alte germanische Gott gezürnt und lauert den vom alten Glauben abgefallen Menschen in dieser Nacht auf, um sich für ihren Verrat zu rächen.

Ein Gedicht hierzu lautet:

Hört ihr Leut, lasst euch sagen,
die Uhren haben sechs geschlagen.
Nehmt euch in acht vor Feuer und Licht
und dass euch der bluadige Dammerl net erwischt.

Einiges am bluadigen Dammerl deutet noch auf den Donnergott hin:

- In einigen Regionen wird er auch als „Dammerl mitn Hammerl“ bezeichnet, da er einen Hammer mit sich führt. Genau so wie der Donnergott Thor, der immer seinen Streithammer Mjöllnir bei sich hatte.
- Man sagt auch, dass der Dammerl die bösen Menschen und vor allem Männer, die schlecht zu ihren Frauen sind, bestraft. Auch wie der Donnergott, der als Beschützer der Menschheit und vor allem der Frauen galt.

Losnacht

Die Thomas- oder Dammerlnacht genannt, galt als eine gute Losnacht, hierzu gibt es verschiedene Rituale, wie man in die Zukunft sehen konnte:

- Was man in der Thomasnacht träumt, geht im nächsten Jahr in Erfüllung. Träumt man es vor Mitternacht, so geschieht es im ersten Halbjahr, träumt man es nach Mitternacht, so erfüllt es sich in der zweiten Hälfte des Jahres.
- Wenn eine ledige Frau ihren Zukünftigen erfahren will, muss sie um Mitternacht aufstehen und sich nackt aus-

ziehen und dann in einen Spiegel schauen und folgendes machen. Mit dem Fuß an die Bettdecke oder das Bett treten und diesen Spruch sagen:

Bettstatt i tritt di,
Heiliger Thomas (Dammerl) i bitt di,
lass mir erscheinen,
den Allerliebsten meinen.

- Wollte eine ledige Frau wissen, aus welcher Richtung ihr Zukünftiger stammt, dann musste sie, nur mit einem Nachthemd bekleidet, in den Garten gehen. Dort musste sie sich zu einem Kriachalbaum (eine alte Pflaumensorte), einem Obstbaum oder einem Holunderbusch stellen und folgenden Spruch sagen:

Kriachalbaam, i schüttl di,
Dammerl i bitt di,
lass mir a Hunderl bellen,
wo se wird mei Liab meldn.

Der Spruch natürlich abgewandelt, je nach dem vor welchem der Bäume man steht.

Danach lauschte die Frau, aus welcher Richtung sie das erste Hundegebell hörte und wusste damit, aus dieser Richtung kommt der zukünftige Bräutigam.

Apfelschalenorakel

Um zu wissen oder zu erahnen, wie der Zukünftige heißt, schälte die ledige Frau in der Dammerlnacht einen Apfel und zwar so, dass die Schale nicht abreist, bevor der Apfel komplett abgeschält war. Dann nahm sie die Schale in die rechte Hand und warf sie über die linke Schulter. Nun konnte die Frau aus der am Boden liegenden Apfelschale den Anfangsbuchstaben des Zukünftigen erfahren.

Aber wehe der Frau, die sich beim Kriachalbaamschütteln von der wilden Jagd erwischen lässt.

Hotshots
Frank Gesink

Das Apfelorakel

Man schneidet einen Apfel horizontal in der Mitte durch und schaut sich nun das Kernhaus an. Bildet das Kernhaus einen Stern, so wird einem das folgende Jahr Glück bringen. Bildet es aber ein Kreuz, so steht Unheil an.

Stricken in der Thomasnacht

Wer die ganze Thomasnacht lang durchstrickt, kann plötzlich einen kurzen Augenblick in die Zukunft des darauffolgenden Jahres werfen. Manche behaupten sogar, dass man dadurch den Schicksalsfaden umstricken kann und so Einfluss auf die Geschehnisse des nächsten Jahres hat.

Hotshots
Frank Gesink

Zwiebelorakel

Schneidet ein lediges Mädchen in der Christnacht eine Zwiebel in zwei Teile und streut Salz auf eine Hälfte der Zwiebel, so kann sie am nächsten Tag die Gesichtszüge ihres Zukünftigen erkennen.

Zwiebel – Wetterorakel

Am Thomastag schneidet man Zwiebeln in der Mitte durch, damit man zwölf Halbschalen bekommt. Diese Zwiebelschalen legt man auf ein trockenes Brett, an einen trockenen Ort, zum Beispiel auf ein Fensterbrett oder in einen Unterstand.

Dann beschriftet man von links nach rechts vor den Zwiebelschalen das Brett von Januar bis Dezember, nun streut man Salz in jede Zwiebelhälfte, sind die Zwiebelschalen am nächsten Morgen feucht, wird es ein feuchter regnerischer Monat. Sind die Zwiebelschalen trocken, wird es ein trockener, sonniger Monat.

Regional wird dieses Orakel auch am Weihnachtstag gemacht.

Das wilde Heer

In der Thomasnacht geht neben dem bluadigem Dammerl aus das Nachtgloit oder auch wildes Heer genannt um. Es sind die alten Götter und Helden der Germanen, die mit ihrem Heerführer, dem Donnergott, durch die Luft fliegen. In einige Regionen im Bayerischen Wald, stellte man deshalb in dieser Nacht ein Glas Schnaps vor die Tür. Als kleine Opfergabe, dass sie den Hof oder das Haus verschonen und weiter flogen.

Der bluadige Dammerl hat eine sündige Frau geholt

In einem kleinen Dorf im mittleren Bayerischen Wald war es früher Brauch, dass sich jemand am Thomastag als bluadiger Dammerl verkleidet und die Dorfbewohner, vor allem die Kinder, erschreckt. Als es nun wieder mal der Thomastag war, verkleidete sich ein junger Mann. Er trug eine schwere eiserne Kette und einen blutigen Sauhaxen bei sich. Als der Mann nun mit dieser Verkleidung in eine Bauernstube eintrat, war auch die Schwester des Bauern darin. Als diese den bluadigen Dammerl zur Tür hereinkommen sah, schrie sie gellend auf und fiel in Ohnmacht. Sofort eilte die Bauernfamilie zusammen und wollten der ohnmächtigen Frau helfen, aber kein Rütteln und Schütteln brachte die Frau wieder zur Besinnung. Ein Arzt wurde gerufen, dieser konnte sie aber auch nicht mehr erwecken, so kam die Frau ins Krankenhaus. Dort stellte man fest, dass die Frau vor Schreck ins Koma gefallen war. Die Frau konnte mit keinen Mitteln aus dem Koma zurückgeholt werden, der

Gesundheitszustand verschlechterte sich täglich, bis sie nach kurzer Zeit starb.

Nun gingen die ersten Gerüchte durch die Dörfer, dass der echte bluadige Dammerl die Frau für ihr sündiges Leben bestraft und ihre Seele mitgenommen hatte und sie dadurch nicht mehr erwachen konnte.

Man erzählte sich, dass es diese Frau mit dem Fensterln nicht so ernst genommen habe; wenn junge Burschen bei ihr am Zimmerfenster angeklopft hatten, wurden sie oft eingelassen. Dies war nicht gottgefällig und so schickte er den bluadigen Dammerl, um sie zu bestrafen.

Solche Geschichten, dass sich der Dammerl auch der sündigen Frauen annahm, um sie auf den rechten Weg zu bringen, gibt es viele. Ein Gedicht aus alter Zeit berichtet davon:

Der Dammerl mitn Hammerl,
hauts Waberl am Kopf,
da sagts Waberl zum Dammerl,
du knigada Knopf.

Hier wurde das Waberl vom bluadigen Dammerl mit einem Schlag auf den Kopf bestraft und das Waberl beschwert sich darauf, weil ihr der Dammerl diesen Spaß nicht vergönnt. (Waberl wurde oft zu einer Frau gesagt, die Barbara hieß.)

Das Nachtgloit (die Wilde Jagd) verfolgt einen Mann

Ein Mann ging in einer Rauhnacht, es war der Dammerltag (21.12.), spät in der Nacht vom Wirtshaus heim. Es war eine ruhige sternenklare Nacht, als plötzlich unmittelbar der Wind aufkam und laute Geräusche durch die Nacht drangen. Der Mann konnte das Wiehern von Pferden, das Bellen von Hunden, metallisches Scheppern und Furcht einflößende, menschliche Schreie hören. Da bekam er es mit der Angst zu tun und lief so schnell es ging nach Haus. Das Getöse war ihm ständig im Rücken und schien immer näher zu kommen. Als er zu Haus ankam, sperrte er die Haustüre auf und sofort wieder zu, im Hausgang setzte er sich auf den Boden, um sich von dem anstrengenden Lauf zu erholen. Da hörte er, wie der Wind gegen die Türe drückte, als wolle er sie aus den Angeln reißen, er glaubte auch ein Kratzen und Scharren an der Tür zu hören. Vor lauter Angst betete er ein Vaterunser und sofort endete das Spektakel.

Am nächsten Tag schaute der Mann sich die Haustüre an, es waren keine Kratzspuren oder sonst etwas zu sehen. Seit diesem Zeitpunkt verließ der Mann in einer Rauhnacht nicht mehr sein Haus nach dem Dunkelwerden.

Weihnachter

Als Weihnachter wird die Sau bezeichnet, die extra das ganze Jahr fett gefüttert wurde, um sie an Weihnachten zu schlachten. In manchen Gegenden nannte man sie auch Mettensau, da die aus ihr gewonnenen Blut- und Leberwürste nach der Christmette gegessen wurden. Die Mettensau wurde meistens am Thomastag geschlachtet, denn laut alten Erzählungen blutet hier die Sau am besten aus und man bekommt ein sehr gutes Fleisch. Am Thomastag, dem 21.12., geht auch der bluadige Dammerl um – man sagt, die Sau blutet deshalb so gut aus, weil der Dammerl Blut sehen will.

Passauer Dreiflüsseteufel

Christnacht

Christnacht

Die Christnacht gilt als eine der größten Rauhnächte des Jahres, es ist die Nacht vom 24. auf den 25. Dezember.

In dieser Nacht feiern die Christen die Geburt des Heilands, des Erlösers der Menschheit. Mit dem Aufkommen des Christentums fielen die Kelten und Germanen von ihrem alten Glauben ab und wurden Christen. Die alten Götter verloren immer mehr von ihrem Einfluss und Macht, so dass sie ihnen bald dafür zürnten. Besonders an dem Tag, wenn die Menschen die Geburt Jesu und somit den Beginn des Christentums feierten. Somit war und ist es nicht ratsam, sich in dieser Nacht nach dem Abendläuten aus dem Haus zu wagen. Die alten Götter gehen in dieser Rauhnacht als wilde Dämonen um und wollen sich für den Glaubensabfall rächen.

Aus heutiger Sicht ist es ebenfalls ein besonderes Datum: Ab hier fängt der Tag wieder zu wachsen an, das Licht hat über die Dunkelheit gesiegt. Vielleicht sind deshalb die Wesen der Nacht zu dieser Zeit besonders aufgebracht und versuchen sich für den verlorenen Kampf an denen zu rächen, die sie in dieser Nacht erwischen.

Aus der Sicht der katholischen Kirche sollte jeder Christenmensch in dieser Nacht die Christmette besuchen und dann andächtig der Geburt Jesu gedenken. In dieser Nacht sollte man nicht zum Spaß unterwegs sein.

Mythen zur Christnacht

Friedhof in der Christnacht

Wer allen Mut zusammen nimmt und in der Christnacht, nach der Christmette, auf den Friedhof geht, der kann sehen, wer im folgenden Jahr sterben muss. In dieser Nacht kann man in die Zukunft schauen und wird die Angehörigen vor den Gräbern der Toten trauern sehen. Oft ist es den Menschen dann so ergangen, dass sie ihre eigenen Angehörigen vor einem Grab trauern sahen und sie somit ihren eigenen Tod vorausgesehen haben.

Schutz gegen Gewitter

In der Christnacht muss man ein angebranntes Holzscheit aus dem Feuer ziehen und ablöschen. Wenn dann im Sommer ein starkes Gewitter kommt, soll man dieses Holzscheit wieder ins Feuer legen, so kann einem das Gewitter nichts anhaben.

Früher wurden in der Christnacht Holzscheite mit vielen Binken (Ästen) angekohlt, diese brannten sehr langsam. Diese Scheite konnte man bei mehreren Gewittern verwenden; man nahm den Rest des Scheites nach dem Gewitter wieder aus dem Ofen und bewahrte es bis zum nächsten Gewitter auf.

Erntevorhersage

Es gibt einen alten Spruch zur Christnacht:

Liachte Mettn, finstre Stadl
Finstre Mettn, liachte Stadl.

Dies soll heißen, ist die Christnacht hell und klar, so folgt ein gutes, erntereiches Jahr, der Stadl wird finster sein, da so viel Ernte eingefahren wird. Ist die Christnacht aber dunkel und bewölkt, so steht kein gutes Jahr an, die Ernte wird schlecht sein und die Stadl werden licht bleiben, da nicht viel drinnen ist.

In der Christnacht nicht stürzen

Wer in der Christnacht, auf dem Weg zur Christmette oder von der Christmette nach Haus, stürzt, der stirbt im nächsten Jahr.

Ins Himmelreich schauen

Wenn die Christnacht sternenklar ist, so soll man um Mitternacht bis ins Himmelreich schauen können.

Mit einem Hut zur Christmette gehen

Da die Christnacht zu einer der schlimmsten Rauhnächte zählt, soll man eigentlich das Haus nach dem Abendgebetläuten nicht verlassen. Da es aber jedes Christen Pflicht ist, die Christmette zu besuchen, blieb einem nichts anderes übrig. Früher war man der Meinung, dass einem die Weiz (Spukerei) nichts anhaben kann, wenn man unter Dach ist, so setzten sich die Kirchengänger einen Hut, somit ein Dach auf. So konnte einem die Weiz nichts anhaben, man war behütet.

Die dreizehn Wunschzettel

In der Christnacht soll man sich dreizehn Papierzettel bereitlegen, auf jeden einzelnen schreibt man sich einen Wunsch, der im nächsten Jahr in Erfüllung gehen soll. Diese Wunschzettel werden nun so zusammengefaltet, dass das Geschriebene nicht mehr gelesen werden kann. Nun werden alle Wunschzettel in eine Schüssel gegeben und durchmischt. In der gleichen Nacht um Mitternacht zieht der Orakelnde den ersten Wunschzettel und wirft ihn ohne zu lesen in den Ofen und verbrennt ihn. Dies wird in allen zwölf Rauhnächten immer um Mitternacht wiederholt, bis zum Schluss nur noch der dreizehnte Wunschzettel übrig ist. Dieser darf geöffnet und gelesen werden. Der Wunsch, der darauf steht, für den ist der Orakelnde selber verantwortlich, dass er in Erfüllung geht. Für die restlichen zwölf sorgt das Schicksal.

Wetterbestimmung mit Walnussschalen

Im Herbst werden von den Walnüssen zwölf halbe Schalen gesammelt. In diese streut man in der Christnacht Salz, bis diese gut halb voll sind. Diese zwölf Schalen werden dann auf ein hölzernes Brett in einer Reihe nebeneinandergelegt. Auf das Brett wird vor jeder Schale, von rechts nach links, der Name der Monate geschrieben, beginnend mit dem Januar bei der ersten und dem Dezember bei der letzten Schale. Dieses Brett mit den Schalen stellt man in einen ungeheizten Raum des Hauses. Am Dreikönigstag schaut man sich diese mit Salz gefüllten Nussschalen an. In der Schale, wo das Salz feucht ist, wird es ein feuchter Monat sein. Die Nussschalen mit trockenem Salz deuten auf einen trockenen Monat hin. So kann man bestimmen, wie nass oder trocken die Monate dieses Jahres werden.

Glockengeläut vor der Christmette

Im Bayerischen Wald wurden einige Zeit vor Beginn der Christmette die Kirchenglocken geläutet.

Dies hatte mehrere Bedeutungen:

- Die Menschen gingen von den kleineren Dörfern in die Pfarrkirche ihrer Gemeinde, um dort diese heilige Messe zu feiern. Da aber zu dieser Zeit tiefster Winter herrschte und die Wege verschneit und verweht waren, bestand die Gefahr, dass sich die Menschen verliefen. So konnten sich die Kirchgänger an den Glockenklängen orientieren, in welche Richtung sie gehen mussten.

- Die Christnacht gilt als eine der großen Rauhnächte, hier sollte man sich am besten nach dem Abendläuten nicht mehr aus dem Haus wagen. Da aber die Christnacht erst spät begann und lange in die Nacht dauerte, waren die Menschen der Gefahr durch die Dämonen und Geister ausgesetzt. So läutete man einige Zeit vor der Christnacht die Kirchenglocken, die mit ihrem geweihten Klang die Luft von dem Spuk reinigten. Dadurch konnten die Kirchgänger behütet zur Christmette gelangen.

- Die Glocken wurden geläutet, um den Christen zu zeigen, dass sie in dieser Nacht noch zur Christmette gehen müssen. Dies ist eine der großen Messen, die als Christ unbedingt besucht werden muss.

Mettenwürste

Aus dem Weihnachter, dem Schwein, das am Thomastag geschlachtet wurde, machte man Blut- und Leberwürste.

Der 24. Dezember galt als strenger Fasttag; es musste den ganzen Tag gefastet werden. Erst nach der Christmette durfte man essen. Es wurden die Blut- und Leberwürste als Festessen mit Sauerkraut gegessen, weshalb sie dann den Namen Mettenwürste bekamen.

Heutzutage ist das Wurstessen in der Christnacht auch noch bekannt. Es werden hier aber meistens Bratwürste in verschiedenen Variationen gebraten und verspeist. Das Sauerkraut wird aber auch heute noch zu den Würsten gereicht.

Nicht zur Christmette gehen

Die Christmette ist eine der wichtigsten Messen des Jahres, jeder soll sie besuchen. Wer dies nicht macht, weil er den weiten Weg und die lange Zeit in der Kirche anders nutzen möchte, der läuft Gefahr, dass ihm die Teufel zum Fenster reinschaut und ihm was Böses anwünscht.

Es gibt viele Sagen, wo Menschen von der Christmette zu Haus geblieben sind, weil sie sich vollgefressen hatten oder lieber zu Haus blieben, da sie glaubten, was vermeintlich Besseres zu tun haben als in die Kirche zu gehen.

Hier gibt es viele Berichte, dass diese vor ihrem Fenster den Teufel stehen sahen, der sie beobachtete, nicht wenige davon hatten im neuen Jahr viel Unglück oder wurden sehr krank.

Das Nussorakel in der Christnacht

Wer in der Christnacht eine Nuss öffnet, vorzugsweise eine Walnuss, kann daraus die Zukunft lesen. Ist die Nuss schön und essbar, so wird das darauffolgende Jahr gut. Ist aber die Nuss schwarz und vertrocknet oder verschimmelt, so wird das nächste Jahr schlecht oder es steht sogar der Tod bevor.

Den Zukünftigen sehen in der Christnacht

Wenn eine Frau in der Christnacht erfahren will, wen sie heiraten wird, sollte sie während der Christmette allein zu Hause bleiben. Während in der Kirche die Christmette gefeiert wird, soll sich die Frau nackt ausziehen und rückwärtsgehend, zur Türe hin, die Stube auskehren. An der Tür angekommen, soll ihr der Mann erscheinen, den sie heiraten wird.

Hierzu gibt es eine alte wahre Geschichte:

Eine Bäuerin hatte einmal eine sehr fleißige Magd, die sie gern leiden konnte, auf ihrem Hof angestellt. Kurz vor der Christnacht redete die Bäuerin die Magd an, wie es bei ihr mit der Heirat aussieht, ob sie einen Bräutigam in Aussicht habe. Die Magd sagte ihr, dass sie niemanden habe und gar nicht wisse, ob sie jemand haben möchte. Da gab ihr die Bäuerin den Rat mit dem Orakel in der Christnacht. Die Magd glaubte an solche übernatürliche Sachen und wollte es probieren. Als nun ein paar Tage später die Christnacht kam und alle zur Kirche gingen, blieb sie allein zu Haus. Als die Zeit kam, in der die Christmette gefeiert wurde, zog sich die Magd aus und holte sich einen Besen, um die Stube auszukehren. Sie begann in einer Ecke und kehrte rückwärtsgehend zur

Türe hin die Stube aus. Als sie kurz vor der Türe war, ging diese auf, und als sie sich umdrehte, sah sie den Bauern, der ohne ihr Wissen ebenfalls zu Haus geblieben war. Beide erschraken und liefen blutrot vor Scham an, der Bauer ging sofort aus der Stube und war den ganzen Abend nicht mehr zu sehen. Als nun die Bäuerin von der Christmette nach Haus kam, wurde sie gleich von der Magd abgefangen. Die Magd war sehr erbost darüber, dass die Bäuerin sie nicht gewarnt hatte. Die Bäuerin sagte nur kurz, dass es dumm gelaufen sei und es ihr leid täte.

Ein paar Wochen nach Weihnachten wurde die Bäuerin krank und bettlägerig, nach kurzer Zeit verstarb sie dann. Die fleißige Magd musste nun als einzige Frau auf dem Hof weiterarbeiten. Ein paar Monate nach dem Tod der Bäuerin wurden der Bauer und die Magd ein Paar und heirateten nach der Trauerzeit sogar.

Das Orakel sollte recht behalten: Der Mann, der ihr erschienen war, den heiratete sie. Nun stellt sich die Frage, ob es wirklich an dem Orakel lag oder ob die Bäuerin wusste, dass sie sterbenskrank war. Da sie die Magd sehr gern hatte und wusste, dass sie fleißig war, sah sie vielleicht in ihr eine brave Ehefrau für den Bauern und eine gute Mutter für ihre Kinder, wenn sie gestorben war. Nutzte sie das Orakel aus, um alles für die Zeit nach ihrem Tod zu regeln, so wie sie es gerne haben wollte?

Hexenstühlchen

Das Hexenstühlchen ist ein selbstgemachter, kleiner Stuhl, mit dem man in der Christmette die Hexen sehen kann. Der Stuhl muss aus neunerlei Holz bestehen und in ihm darf kein Eisen sein, wie etwa Nägel.

Das Holz sollte von einheimischen Bäumen stammen, wie Birke, Buche, Esche, Fichte …

Das Hexenstühlchen wurde früher oft von jungen Burschen heimlich in die Christmette mitgenommen. Die Burschen stellten das Stühlchen auf die letzte Kirchenbankreihe und setzten sich drauf. Während der Wandlung mussten sich die Hexen unweigerlich zu den Burschen umdrehen, so konnten sie erkennen, wer eine Hexe war. Der Nachteil daran war, dass die Hexen dann auch wussten, wer sie gesehen hatte. Derjenige, der die Hexen gesehen hatte, muss nun am Ende der Messe schnell zu Hause sein, dann durften sie ihm nichts anhaben, außer er verriet ihren Namen. Gab er diesen aber preis, war er Freiwild für die verratenen Hexen.

Wandlung

Die Wandlung ist der Höhepunkt der Messe. Der Priester spricht das Wort Christi vom Letzten Abendmahl:

Bei der Verwandlung des Brotes in den Heiligen Leib Christi spricht der Priester:

Nehmet und esset alle davon: Das ist mein Leib, der für euch hingegeben wird.

Bei der Verwandlung des Weines in das Heilige Blut Christi spricht der Priester:

Nehmet und trinket alle daraus: Das ist der Kelch des neuen und ewigen Bundes, mein Blut, das für euch und für viele vergossen wird zur Vergebung der Sünden. Tut dies zu meinem Gedächtnis.

Die Wandlung ist eingebettet in das Hochgebet; die Wandlung an sich ist nur der kurze Moment, in dem der Priester diese Worte spricht.

Nach der Wandlung schaut die Hostie noch genau so aus, schmeckt wie Brot, ist aber nicht mehr Brot, sondern der Leib Jesu Christi selbst.

Mettenbinken

Die Christnacht ist eine der schlimmsten Rauhnächte; in dieser Nacht durfte das Feuer niemals ausgehen, so richtete man sich unter dem Jahr schon buchene Scheite, die viele eingewachsene Äste (Binken) hatten. Die Scheite aus der Buche sind allein schon dafür bekannt, dass sie sehr langsam verbrennen. Durch die Binken wird dies noch verstärkt, denn dort, wo der Ast in den Baum geht, ist das Holz ziemlich hart und dadurch brennt so ein Binkenscheit langsam dahin und hält das Feuer über lange Zeit im Ofen. Es mussten mehrere solcher Scheite für die Christnacht beiseitegelegt werden.

Die Menschen verließen das Haus, wenn sie in die Christmette gingen. Bis sie hier wieder nach Hause zurückkam, vergingen oft bis zu vier Stunden. Früher hatten sie keine Autos und musste zu Fuß in die Mette gehen. Als sie dann wieder zu Hause waren, wurde gegessen und dann ins Bett gegangen; hier wurden wieder Mettenbinken ins Feuer geworfen, da nun das Feuer die ganze Nacht durchbrennen sollte.

Alten Sagen zufolge sind die Teufel in der Christnacht erzürnt, weil an diesem Tag der Heiland geboren wurde. So versuchen die Teufel gerade dann, möglichst viele Menschen zu erwischen. Da der Teufel nach altem Glauben durch den Ofen ins Haus kamm, durfte natürlich in dieser Nacht das Feuer nie ausgehen, denn damit ist ihm der Weg ins Haus versperrt.

Briefe ans Christkind schreiben

Kurz vor der Weihnachtszeit schreibt man mit den Kindern einen Brief ans Christkind.

Die Kinder schreiben alle ihre Wünsche auf, die sie ans Christkind haben. Der Brief wird dann abends vor dem Bettgehen in ein Fenster gezwickt.

Am nächsten Morgen, wenn die Kinder erwachen, ist der Brief vom Fenster verschwunden und die Kinder glauben, dass ihn das Christkind geholt hat.

Natürlich haben den Brief die Eltern vom Fenster genommen, aber die Kinder glauben fest, dass es das Christkind gewesen sein muss. Die Eltern wiederum wissen nun, was sich die Kinder von ganzem Herzen wünschen und können ihnen diese Wünsche erfüllen, was die Kinder im Glauben an das Christkind noch bestärkt, da sie ja das bekommen, was sie dem Christkind geschrieben haben.

Dieser schöne Brauch gerät zunehmend in Vergessenheit, unter anderem dadurch, dass das Christkind durch die Kommerzialisierung der Weihnachtszeit durch den „Weihnachtsmann“ verdrängt wird. Ein Grund ist aber sicher auch, dass der Glaube in den Familien nicht mehr die Rolle spielt, die er früher innehatte.

Christkindlanschießen

Das Christkindlanschießen ist ein alter Brauch, der meist von den Schützenvereinen oder Landwehren ausgeübt wurde. Hier wurde mit den Böllerkanonen geschossen, um die Geburt des Heilandes zu feiern, aber auch, um in der Christnacht, die eine strenge Rauhnacht war, die Geister zu vertreiben, die in dieser Nacht freien Lauf hatten. Vor der Christmette läuteten meist die Kirchenglocken, um die Geister zu vertreiben und den Kirchgängern den Weg zur Kirche zu weisen. Nach der Messe wurde dann von den Böllerschützen das Christkindl mit mehreren Salutschüssen angeschossen. Dies sollte die Geister vertreiben und den Kirchgängern den Weg nach Haus sichern.

Das Schießen um Böses abzuhalten, hat eine lange Tradition: Laut alten Erzählungen meiden böse Geister den Lärm, so wurde zu vielen feierlichen Anlässen geschossen, wie zum Beispiel bei Kindstaufen oder zu Beginn einer Hochzeit. Erst nach dem Ersten Weltkrieg ging diese Knallerei langsam zurück, wahrscheinlich hatten diese zurückkehrenden Weltkriegsteilnehmer keine Lust mehr am Schießen. Heutzutage kann man das Christkindlanschießen noch in ein paar Gemeinden im Bayerischen Wald sehen und hören. Das Anschießen einer Hochzeit wird aber in letzter Zeit wieder beliebter und ist in den Sommermonaten öfter frühmorgens zu hören. Die Freunde wecken den Bräutigam früh morgens mit Schüssen aus allerlei umgebauten Geräten, Hauptsache es knallt. Nach dem Anschießen beginnt der Hochzeitstag, meistens mit einem Weißwurstfrühstück.

Es darf keiner Totenwache in einer Mettennacht halten

Ein Bauer ist einen Tag vor Weihnachten gestorben. Wie es damals der Brauch war, wurde der Tote in seinem Schlafgemach aufgebahrt. An Weihnachten gingen die Bewohner des Hauses in die Christmette, nur ein Knecht wollte beim Bauern bleiben und Totenwache halten. Der Knecht las die Zeitung, als plötzlich der Arm des Bauern von der Totenbahre runterhing. Der Knecht ging zum Toten und legte den Arm wieder auf die Bahre.

Er las die Zeitung weiter, als kurz darauf ein Bein von der Bahre rutschte. Der Knecht legte auch das Bein zurück auf die Bahre.

Er ging wieder zurück zum Tisch und wollte sich weiter mit der Zeitung beschäftigen, als er die Glocken der Kirche hörte, die um zehn Uhr die Christmette eröffneten. Im selben Augenblick richtete sich der tote Bauer von seinem Lager auf und ging zum Knecht.

Er sagte zu ihm: „Normalerweise müsste ich dich jetzt töten, aber da du mir ein sehr guter Knecht warst und mir auch heute gut gedient hast, verschone ich dich. Ich gebe dir noch einen guten Rat: Halte nie wieder Totenwache in einer Mettennacht." Der Bauer ging zurück zu seiner Totenbahre, legte sich wieder hin und schloss die Augen für immer. In der Christnacht, während der Zeit der Christmette, sollen die Toten, die noch nicht beerdigt sind, wieder zum Leben erweckt werden, um für die Geburt Christi zu danken.

Falls sie von einem Lebenden zu dieser Zeit gesehen werden, ergeht es ihm schlecht – dies ist auch der einzige Bericht, dass ein Mensch verschont worden ist.

Hasenjagd in der Christnacht

Es war einmal ein einsamer, alter Jäger, der keine Familie mehr hatte. Als nun die Christnacht kam, wollte er nicht allein zu Haus sitzen, sondern ging lieber auf die Jagd.

Er setzte sich auf einen Hochsitz, der neben einer großen Wiese stand. Es war eine klare, mondhelle Nacht, so dass er die ganze Wiese gut überblicken konnte.

Er war noch nicht lange auf dem Hochsitz, da kam der erste Hase auf die Wiese. Der Jäger legte sofort das Gewehr an und zielte auf den Hasen. Plötzlich kam ein weiterer Hase auf die Wiese, der Jäger wartete mit dem Schießen und dachte, vielleicht kann ich zwei mit einem Schuss erlegen. Je länger er wartete, umso mehr Hasen kamen auf die Wiese, bis sie voller Hasen war, auch einige Füchse waren darunter, die friedlich neben den Hasen auf der Wiese saßen. Da wurde es dem Jäger unheimlich, er wollte schnell einen Hasen erlegen und sofort nach Hause gehen, er zielte auf den erstbesten Hasen und drückte ab.

Der Schuss krachte, aber der Hase blieb stehen, wie auch alle anderen, da schoss der Jäger ein zweites Mal auf den Hasen und es passierte wieder das Gleiche.

Da packte den Mann die Angst, er wollte nur noch nach Hause. Als er von seinem Hochsitz runtergestiegen war, bemerkte er, dass alle Hasen und Füchse mit leuchtenden Augen in seine Richtung sahen, da lief er so schnell es ging nach Haus und versperrte alle Türen.

Nach diesem Vorfall war der Jäger sehr verstört, wurde krank und starb ein paar Monate später.

Sautrog ums Haus ziehen

Wenn man in der Christnacht einen Sautrog dreimal ums Haus zieht, erscheint einem der Teufel und verrät, wo ein Schatz vergraben ist.

Ein Knecht aus Bischofsmais wollte dies einmal probieren. Er ging mit den anderen Hausbewohnern nicht mit in die Christmette, sondern blieb zu Haus. Als die anderen weg waren, ging er in den Stall und zog den Sautrog heraus. Er begann den Sautrog ums Haus zu ziehen und als er ihn schon zweimal ums Haus gezogen hatte, wurde der Trog immer schwerer, kurz vor dem Ende des dritten Males konnte er den Trog nicht mehr bewegen, so schwer war er geworden. Er schaute zu dem Sautrog um und sah, dass der Teufel im Sautrog saß. Der Knecht fragte den Teufel, wo ein Schatz vergraben sei. Der Teufel sagte ihm, er würde ihm einen riesigen Goldschatz zeigen, aber der Knecht müsse ihm nach dem Tod seine Seele verschreiben. Daran hatte der Knecht nicht gedacht und ihm wurde ängstlich zumute, da er seine Seele nicht verkaufen wollte.

In seiner Not fiel er auf die Knie und betete ein Vaterunser, da verschwand der Teufel grollend mit einem Donnerschlag. Der Knecht ging wieder ins Haus und fing zu kränkeln an, er starb noch im darauffolgenden Monat.

Ochsen sagen die Zukunft voraus

Ein Bauer wollte einmal der Sache auf den Grund gehen, ob es stimmt, dass die Tiere in der Christnacht um Mitternacht der menschlichen Sprache mächtig waren. So versteckte er sich im Stall und wartete, bis die Kirchenturmuhr die Geisterstunde schlug. Pünktlich um Mitternacht fingen die beiden Ochsen zu reden an. Sie unterhielten sich über das vergangene Jahr, dass sie ein gutes Leben auf dem Bauernhof hatten, das Essen reichlich war und sie sich nicht beschweren könnten. Als sie dann anfingen, sich über das zukünftige Jahr zu unterhalten, klangen ihre Stimmen traurig. Ein Ochse erzählte dem anderen, dass sie nächstes Jahr einen schweren Gang vor sich hätten. Der andere Ochse fragte, was dies für ein schwerer Gang sein sollte. Da antwortete ihm der andere, dass er vorausgesehen habe, dass sie den Bauern, hinten tot auf dem Wagen liegend, zum Friedhof ziehen müssen. Da erschrak der Bauer sehr und verließ sofort den Stall. Erschüttert über das Gehörte erzählte er es seiner Frau, die ihn aber nicht erst nahm und alles als Humbug abtat. Sie glaubte nicht, dass die Tiere miteinander reden und schon gar nicht die Zukunft voraussagen könnten. Doch die beiden Ochsen sollten recht behalten, innerhalb eines halben Jahres verunglückte der Bauer bei der Arbeit. Er wurde auf einen Wagen gelegt und die Ochsen angespannt. Sie mussten ihn, wie vorausgesagt, vom Bauernhof zum Friedhof ziehen.

Neujahr- / Silvesternacht

Neujahrsnacht

Die Neujahrsnacht vom 31. Dezember auf den 1. Januar gilt im Bayerischen Wald als eine der großen Rauhnächte. Hier versuchen die bösen Geister und Dämonen Unheil zu säen, das im neuen Jahr aufgehen soll. Um sicherzustellen, dass diese bösen Wesen kein Unheil anrichten können, wurde schon seit langer Zeit auf das neue Jahr angeschossen. Früher waren es die Böllerschützen, die einen Salut auf das neue Jahr schossen. Mit dem lauten Knallen der Böllerkanonen wollte man alle Geister und Dämonen vertreiben, die bekanntlicherweise keinen Lärm mögen. So konnte man sicher sein, dass das neue Jahr gut beginnen konnte.

Heutzutage ist das Anschießen mit den Böllervereinen abgekommen, dafür das Silvesterfeuerwerk entstanden. Sehr viele Menschen machen sich einen Spaß daraus, zu Beginn des neuen Jahres Böller und Raketen abzufeuern, ohne den eigentlichen uralten Sinn dahinter zu wissen und zu verstehen.

Die Neujahrsnacht oder auch Silvesternacht genannt, ist auch eine gute Losnacht, wo man mit bestimmten Ritualen in die Zukunft schauen konnte. Ein Ritual ist uns heute noch bekannt, das Bleigießen. Man erwärmt das Blei in einem Löffel über einer Kerze und gießt dann das flüssige Metall in kaltes Wasser, wo es sofort eine feste Struktur annimmt. Je nachdem, welche Form nun das Blei im Wasser angenommen hat, kann man die Zukunft deuten.

Ein weiteres Orakel in der Silvesternacht ist, wenn man eine Bibel in die Hand nimmt und diese wahllos öffnet, indem man seinen Daumen seitlich reinsteckt. Dann macht man die Augen zu und fährt mit dem Zeigefinger von oben nach unten die Zeilen ab. Wo man nun glaubt den Finger ruhen zu lassen, diese Textzeile soll Aufschluss über das kommende Jahr geben.

Neujahrabgwinnen

Zu Neujahr wurden die Verwandtschaft und die Nachbarschaft besucht und man wünschte sich gegenseitig ein gutes neues Jahr.

Die Kinder standen gleich in der Früh auf und wünschten den Eltern und Großeltern „a guads neis Jahr", für dieses bekamen sie dann meistens Geld.

Zu diesem Brauch sagte man dann, jemandem das „Neujahr abgwinnen".

Neujahranblasen oder Neujahransingen

Kurz vor und nach dem Neujahr gehen Musikgruppen von Haus zu Haus und spielen auf Blechinstrumenten oder singen Lieder. Die Gruppen sammeln meist für einen guten Zweck Geld. Dieser Brauch geht auf das „Neujahrabgwinnen" zurück, wo man dafür Geld bekam.

Eine unheimliche Begegnung in der Silvesternacht

Zwei junge Männer fuhren nach einer Silvesterparty um zwei Uhr von Zwiesel Richtung Klautzenbach, als sie auf einer schneebedeckten Wiese eine Gestalt entdeckten.

Die Männer dachten, dass hier vielleicht ein Unfall passiert wäre und hielten sofort an.

Die Gestalt stand etwa hundert Meter entfernt in der Wiese und war hell angezogen.

Die Männer riefen, ob sie helfen könnten.

Sie bekamen aber keine Antwort. Die Gestalt blieb nur regungslos stehen und schaute in ihre Richtung. Die Männer riefen dann noch ein paar Mal, doch sie regte sich nicht, sondern schaute sie nur stumm an. Den Männern wurde die Situation langsam unheimlich und sie fuhren sie so schnell es ging heimwärts.

Die beiden Männer trafen sich gleich am nächsten Tag in der Früh und fuhren zu dieser Stelle, an der sie gestern die Gestalt gesehen hatten.

Zu ihrer Verwunderung fanden sie dort aber nichts mehr, was darauf hindeuten würde. Keine Spuren im Schnee, wo die Gestalt gestanden hatte, keinen Baum oder sonst irgendetwas in der Nähe, was sie in der Nacht für einen Menschen gehalten haben könnten.

Es war, als wäre nichts davon geschehen.

Was werden diese beiden Männer in der Silvesternacht gesehen haben oder anders gesagt, welche Gestalt wird die beiden Männer in dieser Nacht beobachtet haben?

Die Silvesternacht gilt als eine der drei mächtigsten Rauhnächte. Früher war der Glaube, dass man in diesen Nächten nach dem Abendläuten nicht mehr aus dem Haus gehen sollte, da sich dann die Teufel und Dämonen herumtrieben.

Zum Räuchern kann man sehr gut ein altes Kohlebügeleisen verwenden.

Dreikönigsnacht

Dreikönigsnacht

Die Dreikönigsnacht ist vom 5. auf den 6. Januar und gilt als die größte und schlimmste Rauhnacht im Bayerischen Wald. Es ist die letzte der zwölf Rauhnächte und so versuchen sich die bösen Geister und Dämonen mit allen Mitteln in den Häusern der Menschen festzusetzen, um dort Unheil und Krankheit im folgenden Jahr zu verbreiten. In dieser Nacht ist die Dreikönigsweihe, in der Dreikönigswasser, Salz, Kreide und Weihrauch geweiht wird. Nach der Dreikönigsmesse gehen die Kirchgänger nach Haus und räuchern mit dem Weihrauch das Haus und die Stallungen aus. Geräuchert wurde früher in jeder Rauhnacht, dies kam aber dann mit der Zeit ab. Heutzutage ist es im Bayerischen Wald nur noch Brauch, in der Dreiköngsnacht zu räuchern – dies geht darauf zurück, dass diese die größte und schlimmste Rauhnacht ist. Dies ist auch die letzte Nacht, wo die Wilde Jagd durch die Lüfte saust. In dieser Nacht versucht das Götterheer noch einmal alles daranzusetzen ein Opfer zu finden, das sie dann mitreißen können. Darum sollte man in dieser Nacht vermeiden, nach dem Abendläuten das Haus zu verlassen. Wenn man in dieser Nacht sein Haus ausräuchert und die bösen Geister und Dämonen damit hinausjagt, können diese ebenfalls von der Wilden Jagd gefangen und mitgenommen werden, so wären diese für immer von der Welt verschwunden.

C + M + B

Es ziehen am Dreikönigstag die Heiligen Drei Könige (meistens Kinder, Ministranten) von Haus zu Haus und malen mit weißer Kreide die Buchstaben C + M + B mit der Jahreszahl über die Haustüre.

Die Buchstaben bedeuten nicht etwa Casper, Melchior und Balthasar, die Namen der Heiligen Drei Könige, sondern „Christus Mansionem Benedicat", „Christus segne das Haus".

Das Haus soll dann für ein Jahr vor dem Bösen geschützt sein.

Hier ein Spruch, den die Heiligen Drei Könige aufsagen, wenn sie vor dem Haus stehen:

Wir sind die drei Könige wohlbekannt
und reisen grad her aus dem Morgenland.
Die Nacht ist stockfinster, der Weg ist lang,
drum stehn wir draußen auf eurem Gang.
Du Bauer, du Bauer, mach auf die Tür,
du Bäurin reich uns die Krapfen herfür,
die Krapfen, die Krapfen, nehmen wir mit
und singen zum Dank euch ein fröhliches Lied.
Wir singen das Lied vom Herrn Jesu Christ,
der für uns Menschen geboren ist.
Im Stalle zu Betlehem ist es geschehn,
wir haben das Kindlein dort selber gesehn,
dort schlummert das Kindlein auf Heu und auf Stroh,
wir haben gesungen und waren recht froh.
Wir opferten Weihrauch, Myrrhe und Gold,

der König Herodes es umbringen wollt.
Du böser Herodes, du grausamer Mann,
wir kommen nicht wieder, wir foppen dich an.
Nicht lockt uns dein Bradl, nicht lockt uns dein Wein,
in Jerusalem kehren wir nimmer mehr ein.
Du Bauer, du Bauer, reich uns deine Hand,
der Stern zeigt schon wieder in ein anderes Land.
Der Caspar, der Melchior und der Balthasar
wünschen ein fröhliches Jahr.

Christbaumabräumen am Dreikönigstag

Am Dreikönigstag wird heutzutage der Christbaum abgeschmückt und aus dem Haus gebracht, früher ließ man ihn oft bis Maria Lichtmess stehen.

Dreikönigsweihwasser

Am 05. Januar ist jedes Jahr eine Messe, bei der dieses Wasser geweiht wird. Man holt sich das Wasser an diesem Tag in der Kirche ab. In der Epiphaniasnacht geht man mit dem Dreikönigsweihwasser und dem Weihrauch durchs Haus und die Stallungen und spritzt in jedes Zimmer und wirft einen Schneeball, der mit dem besonderen Weihwasser getränkt wurde, übers Haus. Mit dem Weihwasser segnet man die Zimmer und verhindert, dass das Böse hereingelangen kann.

Ebenfalls geht man mit dem Weihrauch durch das ganze Haus und räuchert alles aus, dies soll das Böse in dieser gefährlichsten Rauhnacht fern halten.

Bei beiden Ritualen muss dazu gebetet werden. Das übliche Gebet im Bayerischen Wald ist ein „Vaterunser“ dazu.

- Wer sich mit dem Dreikönigsweihwasser bekreuzigt, dem kann der Teufel nichts anhaben.
- Das Dreikönigsweihwasser behält sieben Jahre seine Schutzwirkung.
- Das Dreikönigsweihwasser wird von Exorzisten zum Austreiben von Teufeln und Dämonen verwendet.
- Wer das Wasser in der Dreikönigsnacht trinkt, soll ein Jahr keine Halsschmerzen bekommen.

In der Dreikönigsmesse werden neben dem Wasser noch folgende Gegenstände gesegnet:

- Salz, weil es schal gewordenes Wasser wiederbelebt oder Wasser vor dem Verderben schützt.
- Weihrauch als Zeichen, dass das Gebet zu Gott aufsteigt und es das Böse aus dem Haus treiben soll.
- Kreide, mit dem die Buchstaben C+M+B und die Jahreszahl über die Türe geschrieben werden, um das Böse davon abzuhalten, die Türschwelle zu übertreten. C+M+B heißt „Christus Mansionem Benedicat“ Christus segne (und schütze) dieses Haus.

Mythen zur Heiligdreikönigsnacht

Wettervorhersage

Wenn es an Heilig Dreikönig taut, wird der Winter noch lange dauern.

Wenn man in der Nacht zu Heilig Dreikönig zwölf Getreidekörner auf den noch warmen Ofen legt und dann zu Bett geht, kann man am nächsten Tag sehen, welcher Monat am teuersten wird. Das Korn am linken Rand ist der Januar, dann bezeichnet man von links nach rechts die Körner weiter, das ganz rechte ist dann der Dezember.

Welches Korn nun am weitesten aufgeplatzt ist, dieser Monat wird am teuersten werden.

Wünschelrute

Eine Wünschelrute muss an Heilig Dreikönig geschnitten werden, diese soll unfehlbar sein.

Schneeball übers Dach werfen

In der Dreikönigsnacht soll man einen Schneeball, der mit dem Dreikönigswasser betröpfelt wurde, über die Dächer des Anwesens werfen. Dies soll im folgenden Jahr das Dach vor Schäden durch Blitzschlag oder Unwettern schützen.

Maulgabe

Die Bauern geben den Tieren im Stall in den Rauhnächten geweihtes Brot, ein mit Butter bestrichenes Brot mit dem geweihten Salz aus der Dreikönigsmesse, zu essen, um sie vor Krankheiten im kommenden Jahr zu schützen.

Die foaste Rauhnacht

Als foaste (bayerisch für fett/dick/stark) Rauhnacht wird die Dreikönigsnacht bezeichnet. Hier war es Brauch, dass man sehr viel Fleisch aß. Man wollte gestärkt sein, um die schlimmste der Rauhnächte zu überstehen.

In dieser Nacht verrichtete man alle Arbeiten außerhalb des Hauses vor 18 Uhr, danach sollte man das Haus nicht mehr verlassen, schon gar nicht in den Stall zu den Tieren gehen. Das Abendmahl bestand aus viel Fleisch und Wurst, die einen stark machen sollten.

Warum dies so war, da gibt es eine logische Begründung:

- Am Dammerltag wurde die herangezogene Sau geschlachtet, dieses Fleisch musste bald verarbeitet werden. Da es früher keinen Kühlschrank gab, wurde ein Teil dieses Fleisches geräuchert, um es länger haltbar zu machen. Der Rest wurde in einem Raum, der unbeheizt war, gelagert. Da so aber das Fleisch nicht lange haltbar blieb, wurde der Rest am Dreikönigstag aufgegessen, bevor es verdarb. Den Kindern sagte man, dass sie viel Fleisch an diesem Tag essen müssen, dass sie Kraft haben, diese foaste (starke) Rauhnacht zu überstehen.

Gedicht zum Rauhnudelnbetteln

Heut ist Rauhnacht,
wer hat's aufbracht
ein alter Mann ist über Stiag awa gfoin
hat sich Biarl und Boandl obrocha.
Kropfa raus, Kropfa raus
sonst stech ma eng a Loch ins Haus.
Woits uns es koan Kropfa gem,
müssen wir eng s'Haus in Ruck umleng.
D' Henna da schlong
und en Hahn beim Tor aussi jong.

In der Dreikönigsnacht machten sich die Kinder oder die Jugendlichen einen Spaß daraus, von Haus zu Haus zu gehen und um Rauhnachtsnudeln zu bitten. Rauhnachtsnudeln waren ausgezogene Krapfen oder Zimtnudeln. Mit den Rauhnudeln wollte man sich stärken, um die größte Rauhnacht, die Dreikönigsnacht, gut zu überstehen. Die Gruppen waren mit langen Stöcken oder Mistgabeln bewaffnet. Verweigerte ihnen jemand die Rauhnachtsnudeln, so konnte es schon vorkommen, dass sie mit ihren Stöcken Löcher in die Hauswand schlugen. Da dieser Brauch als Bettelei abgetan wurde oder teilweise auch ausgeartet war, kam er mit der Zeit ab, so dass man ihn heute im Bayerischen Wald leider nur noch selten sieht.

Rauhnachtsgedichte

Da bluadige Dammerl

A Schreckgestalt geht am Thomastog um,
de Kinda ziddan scho in da Stum.
Bluadiger Dammerl wird a genannt,
im ganzn Woidland is a bekannt.
A greisligs Gsicht und bluadverschmiert,
rumort er im Dorf ganz unscheniert.
An Topf voi Bluad hot a dabei,
wenn na jemand segt, dann gibts a Geschrei.
Mit de Hend rührt er im Bluad um,
de Kinder, wenn des seng, da werns ganz stumm.
Sei schware rostige Kettn haut er ans Haus,
da verkriacht se jede Maus.
Oft hat er an bluadigen Sauhaxn dabei,
den steck er dann fürs Fensta nei.

Donnergott Thor hams na zerst gnannt,
bevor na unsa Herrgott hatn gebannt.
Deweng wird er a oft gnennt,
unter dem Nam den a jeda kennt,
da Dammer mitn Hamma,
mit de Menschn hat a überhaupt koa Erbarma.
Mjölnir hoaßt sei Hammerwaffe,
mit dem haut er de Leut am Kopf aufe.

Am Dammerltog bliat de Sau ganz guat aus,
man sogt da Dammerl saugt ihrs Bluat heraus.
Desweng wird da d´Weihnachtssau gschlacht
und de beste Wurst draus gmacht.
Mettenwürst solln des werdn,
mit dene preis ma nach da Christmetten unsern Herrn.

Auch in Zunkunft losst er Weiber schaun,
aber nur de wos se um zwoilfe aufsteht traun.
Ihran Zukünftigen kanns sehn,
braucht nur zum Spiegel gehn.
Hoffentlich gfoid ihr der wos da schaut raus,
net dass bekommt scho vorher an Graus.

D´Rauhnacht

D´Raunächt san lang und dunkl,
über de gibt´s vui Gemunkl.

De Leut is da scho vieles widerfahren,
da lauern um jeds Eck die Gefahren.

Die Rawuckerl versuchand de bösn Leut zum Fanga,
aus jeden Busch und jeder Stauern tan´s af se außa glanga.

An Luzier traun se de Kinder net ausm sichern Haus,
weil wenn´s kimmt und se dawischt, dann is für se aus.

Am Dammerltog is a net recht vui besser,
da bluadige Dammerl wetzt da seine Messer.

De Christnacht wurde auserkoren,
da Heiland wurde af die Welt geboren.
Doch de Teife werd´n an dem Tog immer böser,
woll´n gar net feiern unseren Erlöser.
Jed´n den de Dämonen in jener Nacht erwischen,
dem wird´s gehen ganz beschissen.

Silvester is a schware Rauhnacht,
da san de ganz´n Geister aufgebracht.
De Geister ham da freien Lauf,

und bringen manche Menschen auf.

De Heiligen Drei Kininacht,
is de schlimmste Rauhnacht.
Wer da nach dem Gebetsläuten no is im Freien,
wird´s alsbald bitterlich bereien.
De Dämonen sand am stärksten hier,
verwandeln sich in allerlei Getier,
dawischen´s di no vor da Hahn kraht,
ham´s dir scho den Hals umdraht.

Gedicht zum bluadigen Dammerl

Saufbruada, Schindaluada,
schlagst nomoi dei Wei?
Elenda, Hirnvobrennda,
da bluadige Dammerl kimmt glei!

Das Gedicht soll sagen, dass der bluadige Dammerl die bösen Leute aufsucht, es geht zurück auf den Donnergott Thor / Donar, der auch versucht hat, mit seinem Hammer das Böse aus der Welt zu treiben. Thor und der bluadige Dammerl werden als das gleiche angesehen, wo der Spruch: „Der Dammerl mitn Hammerl" darauf hin deutet.

Rauhnacht is

Wenn die Hex schleicht ums Haus,
und es se muckt net amoi a Maus.
Wenn de Teife überall hocken
und nur no helfan de Kirchaglockn.

Es hilft koa Verschliassen vo den Fenster,
des bringt koan Schutz vor de Gespenster.
Nur Weihrauch hält die Geister fern,
den ham die Dämonischen net so gern.

Weihwasser muast in jed´s Zimmer spritzen,
es könnt ja no a Teife drin sitzen.
A Vaterunser soi dazua gebetet werd´n,
da kann se koa Teife mehr halten auf Erden.
Da Opa hat no de Schwarz Madonnen Kerz´n
anzund´n,
jetz san de ganzn Dämonen ausn Haus verschwund´n.

Da Vollmond steht am Sternenhimmel droben,
drunter wollen de Teife mit de Hex´n toben.
De Raunächt soi´n ihre sein,
drum san se hier ganz gemein.
Geschrieben ist´s so seit tausend Jahr,
drum Leut passt´s auf, es ist a wahr.
Koa Mensch soll draußen sein in der Nacht,
sonst wird er um sei Seele gebracht.
Hinter jeda Schlehenstauern,

wird wahrscheinlich a Teife lauern.
Nur da Hollerbusch is sicher,
daraus hört ma kein Gekicher.
Koa Dämon wird se in diese Staude traun,
sonst wird er von einem guten Geist verhaun.
Der Hollerbusch is der guten Geister Heim,
de bös´n müasn hier fern bleim.

Passauer Dreiflüsseteufel

D´Rauhnacht

De verlorenen zwoif Naacht beginnan,
wer woas wos uns bringan.
Im neia Johr an Kummer oda an Segen,
den Toad oda a neis Leben.
Vui Regel muast einhoidn,
wuisst dei Leben in de Naacht behoidn.
Weiße Wäsch derft net woschn, do wärs aus,
woscht ebban in da Familie ausn Leben raus.
Nachn Aveleitn hast nix mehr draussen verlorn,
de Wuide Jagd kimmt und hot an Zorn,
de zaht de mit in Luft hinauf,
dann is sicha für di aus.
Nachtgloit wird bei uns de Jagd genannt,
unsa Heiland hats in Luft gebannt,
koa Fuß derfans auf die Erd mehr setzen,
nur no in der Luft die Schwerter wetzen.
De oidn Germanengötter soins sa,
des woas scho jeda Waidla a.
Nur in de zwoif Nacht hams freien Raum,
da kannst das bändigen kaum.
An Wuat hams auf de Christnleut,
drum passts af, es is Rauhnacht heit.

Rauhnachtsgedicht

Rauhnacht is
des is heit gwies.
Bleibts af d´Nacht dahoam,
sonst gibt fir eich koan moargn.

Da Totenvogel schreit,
er warnt de Leit,
es is Rauhnacht heit.

De Teife und de Geister woll´n heit net geizen,
woll´n d´Leit mit ihram größt´n Spuk anweizen.
Schau, dass di net dawischen,
sonst wird dei Lebenslicht erlischen.

De Armen Seelen miass´n heit a umgehn,
mancher Mensch wird se heit sehn.
De Menschen, de se erlösen woll´n,
denen wird da Teife groll´n.

Im Nachtgloit da san de oidn Germanenkrieger dabei,
a Getöse, a Gschrei, so zoign vorbei.
Da Wind kimmt af omoi auf
und wirft di aufn Stall hinauf,
es is als packt di jemand an de Hoarr,
so dast moinst jetz is glei goar.
Luzier schleicht a im Dorf herum

und rührt de Schüssel voi Bluad um.
wenn´s an bösen Mensch greift af,
schneidet´s earm an Bauch af,
füllt Stoina ei,
schmeißt ins Wosser ei.
Ziagtn dann koaner raus,
is für eam aus.

Da bluadige Dammerl schleicht grauslig ums Haus,
die Kinder drinnen glaub´n scho, jetzt is aus.
Mit da rostigen Kettn haut er Tür fast ei,
dann steckt er a no den bluadigen Sauhaxn in Stum
hinei.
Jetz wird's de Kinder zvui,
sie verkrichan sich unter de Bänk und Stui.
Da Dammerl stellt se vor eana af
und haut mit de schwara rostign Kettn am Tisch draf.
De Kinder mechtn´d jetz am liabstn gor nix mehr hern
und fangen laut a zum Plern.

Glasrucka

Das spektakuläre Glaslrucka

Wie viele Personen an dieser Geisterbeschwörung teilnehmen, ist egal, es soll auch Menschen geben, die dies alleine machen. Nur glauben müssen alle daran, dass es funktioniert, sonst wird man nicht viel Glück haben, einen Geist zu beschwören. Man legt die Utensilien (siehe Bild) laut Plan auf dem Tisch aus, das Glas stellt man mit der Öffnung nach unten auf den Tisch. Nun legt jeder Anwesende ganz leicht einen Finger auf das umgestülpte Glas, dann spricht man gemeinsam folgenden Vers: „Ist ein Geist im Raum, so melde er sich mit Ja".

Dies wiederholt man so lange gemeinsam, bis man merkt, dass sich das Glas bewegt, dies kann bis 15 Minuten dauern. Dann fängt man zu fragen an, ob es ein guter Geist ist, ob er männlich oder weiblich ist, wie alt er war als er gestorben ist, ob er aus unserer Gegend stammte und so weiter. Man sollte meist gezielte Fragen stellen, die der Geist mit „Ja" oder „Nein" beantworten kann, sonst müssen immer so viele Buchstaben angefahren werden, um ein Wort zu bilden. Interessant wird es, wenn man den Geist, als er noch gelebt hat, kennt und ihm einige Fragen stellen kann, die nur der Geist und man selber wissen konnten.

Wenn ein Geist da ist und er merkt, dass jemand die Beschwörung stört oder sich lustig macht, kam es schon ab und zu vor, dass das Glas die Buchstaben „Störung" angefahren hat, egal was man fragt, er schreibt immer „Störung". Ein richtiger Kontakt war erst wieder möglich, als die betreffende Person aus dem Zimmer ging.

Es kann auch sein, dass man einen bösen Geist kontaktiert, der keine Fragen beantwortet, sondern nur das Glas hin und her bewegt. Auch soll es vorgekommen sein, dass das Glas mit einem Schwung vom Tisch gefallen ist. Darum sollte man bei jeder Beschwörung einen Rosenkranz und ein Glas mit Weihwasser auf den Tisch stellen. Wenn man die Beschwörung beenden will, sagt man: „Der Geist soll sich verabschieden", das Glas fährt dann zum „Ja", dann ist der Geist weg. Manchmal kommt es auch vor, dass sich das Glas bei Fragen nur noch zaghaft rührt, dann will der Geist seine Ruhe haben und nicht mehr gestört werden, dann sollte man es auch beenden.

Nach der Beschwörung sollte man zusammen ein Vaterunser beten und den armen Seelen danken, dass sie heute hier waren.

Manche sind der Meinung, dass nur solche Seelen gerufen werden können, die noch nicht bei Gott sind und ruhelos auf der Erde wandeln müssen.

Andere zerbrechen nach dem Glaslrucka das Glas, da der Geist dann wieder entweichen kann, wieder andere machen nach dem Glaslrucka das Ofentürl auf, damit der Geist durch den Kamin entweichen kann.

Ob nun etwas dran ist an diesem Glaslrucka, muss jeder für sich selber entscheiden – ob es jeder machen sollte, ist eine andere Sache. Man sollte nicht Mächte beschwören, die man dann vielleicht nicht mehr aus dem Haus bekommt. Es ist besser, wenn man nichts über die Zukunft weiß, ansonsten richtet man sein ganzes Leben auf eine vielleicht falsche Antwort des Geistes aus.

Es gibt Berichte, dass es in den Häusern, in denen eine Geisterbeschwörung war, nachher nicht mehr mit rechten Dingen zuging. Sie wurden den Geist nicht mehr los, erst als sie einen Pfarrer holten, war wieder Frieden eingekehrt.

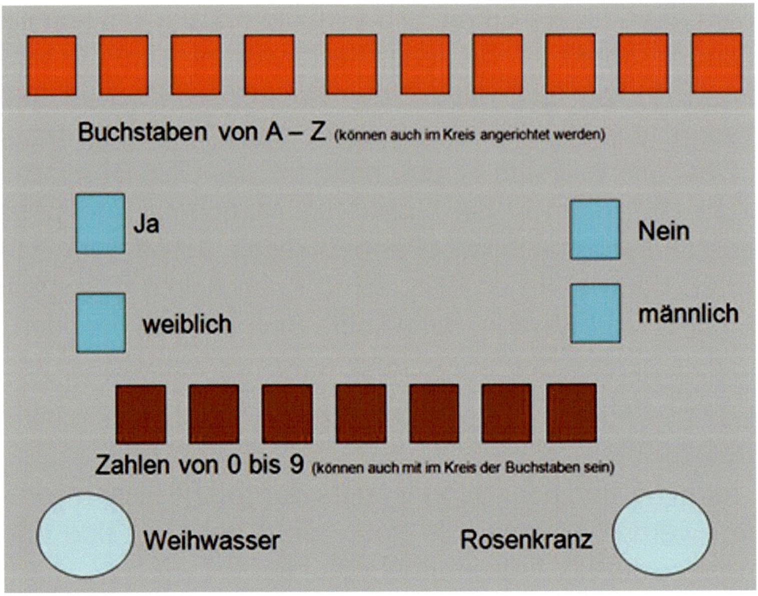

Böser Geist

Eine Gruppe von Freunden traf sich zum Glaslrucken bei einem Mann, der über einer Leichenhalle wohnte. Ein Mann sah die ganze Sache skeptisch und sagte, dass dies ein Schmarrn sei. Als sie nun mit dem Glasrucken anfingen, ging das Glas nur sehr langsam und der Geist schrieb, dass jemand hier ist, der stört. Als sie nach dem Namen des Störers fragten, schrieb er genau den Namen des Mannes, der von vorneherein schon gesagt hatte, dass dieses ein Schmarrn sei. Der Mann verließ dann von sich aus die Wohnung. Danach ging das Glas schneller von Buchstabe zu Buchstabe. Nach einigen weiteren Fragen fragte eine Frau den Geist, ob er sich bemerkbar machen könne. Plötzlich zupfte jemand an der Hose der Frau, sie wurde von unten nach oben verrutscht. Die ganze Gruppe starrte auf die Frau, deren Hose wie von Geisterhand etwas nach oben rutschte. Allen wurde seltsam zumute und sie vermuteten, dass sie einen bösen Geist herbeigerufen hatten. Plötzlich schepperte es und die Gruppe sah, dass ein Bild des verstobenen Onkels, des Wohnungsbesitzers, von der Wand gefallen war. Als alle dann zur Wand sahen, drehte sich das Kreuz, das neben dem heruntergefallenen Bild hing um, so dass es auf dem Kopf stand. Alle vier Herdplatten und der Backofen liefen auf einmal von selber auf höchster Stufe, ohne dass jemand die Geräte eingeschaltet hatte. Dann kamen Geräusche vom Dachboden, dies wurde von jedem Einzelnen der Gruppe gehört. So beschlossen sie gemeinsam auf den Dachboden zu gehen und nachzusehen, was dort los sei. Am Dachboden angekommen, sperrte der Wohnungsbesitzer die Türe auf und ging mit den anderen hinein, aber gleich nach der Tür blieben alle wie erstarrt stehen. Vor ihnen stand ein Mann, mit dem Rücken zu ihnen gewandt. Er hatte lange schwarze Haare, eine schwarze Lederhose und einen langen schwarzen Mantel an. Ganz langsam drehte sich diese Gestalt zu der Gruppe um und sie sahen mit Entsetzen, dass dieser übernatürlich grüne, leicht leuchtende Augen hatte. Voller Panik liefen alle aus dem Dachboden und der Wohnungsbesitzer sperrte hastig die Dachbodentüre zu. Die ganze Gruppe lief zur Kirche und holte Weihwasser, die ganze Wohnung wurde damit bespritzt. Dann gingen sie ängstlich auf den Dachboden, wo zu ihrer Erleichterung niemand mehr war und bespritzten auch diesen Raum mit Weihwasser. Seit diesem Zeitpunkt hatte keiner mehr aus dieser Gruppe das Glaslrucken probiert.

Der Teufel lässt den Aschenbecher platzen

Ein paar Jugendliche trafen sich zum Glaslrucken. Sie fragten den Geist, ob er da sei und das Glas wanderte auf J-A, danach fragten sie, wie er heißt und das Glas wanderte auf S-A-T-A-N. Als das Glas bei dem letzten Buchstaben angekommen war, zerriss es den Glasaschenbecher, der auf dem Tisch war. Die Jugendlichen beendeten sofort das Glaslrucken und alle gingen verängstigt nach Haus.

Einem Mann springt das Glas an die Brust

Eine junge Frau und ihr Freund Alois wollten am Abend zu zweit das Glaslrucken probieren. Sie setzten sich gegenüber an einen Tisch und bauten die Zahlen und Buchstaben um ein umgedrehtes Glas auf. Dann legten beide einen Finger aufs Glas und fingen an, einen Geist zu rufen. Dem Freund war das Glasrücken unheimlich und er zog den Finger weg, als sich das Glas zu bewegen anfing. Die Freundin hatte ihren Finger noch am Glas, als es zu buchstabierten begann, „Alois liebt Gott". Das T war auf der Seite, wo die Freundin saß. Als das Glas den letzten Buchstaben angefahren hatte, sprang es mit einem Satz auf die gegenüberliegende Tischseite, direkt an die Brust des Freundes. Die Beiden beendeten das Glaslrucken und versuchten es seitdem nie wieder. Zwei Wochen nach diesem Vorfall erzählte der Freund erst der jungen Frau, dass er zu diesem Zeitpunkt, als ihm das Glas an die Brust sprang, gerade für sich ein Vaterunser betete. War es ein böser Geist, den die Beiden gerufen hatten und war dieser verärgert wegen des Gebetes?

Geist blockiert die Badezimmertüre

Eine Gruppe jugendlicher Mädchen aus Deggendorf wollten im Jahr 2000 das Glaslrucken probieren. Als sie nun im Keller alles hergerichtet haben und einen Geist riefen, kam dieser auch sofort und antwortete ihnen. Auf einmal gingen im Keller gleichzeitig alle Fenster und Türen von alleine auf und dann wieder zu. Die Mädchen waren starr vor Angst und schauten sich gegenseitig an. Bei der Tür des Kellerraums standen ein paar Gummistiefel, diese machten auf einmal Schritte, wie wenn jemand in ihnen stecken würde. Die Gummistiefel waren aber leer, kein Mensch war in ihnen, es musste der herbeigerufene Geist gewesen sein. Die Mädchen liefen angsterfüllt aus dem Keller nach Haus. Das eine Mädchen, das in diesem Haus wohnte, ging am Abend duschen. Als sie im Bad war und die Tür zumachte, sah sie, dass alle Handtücher gleichzeitig von den Haltern auf den Boden fielen. Dort schlängelten sie sich zur Tür und wanderten zum Türgriff hinauf. Die Handtücher wickelten sich um den Türgriff. Als das Mädchen den ersten Schock überwunden hatte, wollte sie nur noch aus dem Bad hinaus, sie drückte auf die Handtücher, die den Türgriff umwickelt hatten. Aber diese waren so stark darum gewickelt, dass sie zwischen Türe und Türgriffen einen solchen Druck ausübten, dass sich der Türgriff keinen Millimeter bewegte. Nun wurde das Mädchen hysterisch, rüttelte und zog mit aller Gewalt an der Tür und dem Türgriff, aber alles war vergebens. Das Mädchen fing an zu weinen und sackte auf den Boden des Badezimmers zusammen. Auf einmal fielen die Handtücher vom Türgriff ab und das Mädchen konnte das Badezimmer verlassen, als wäre nie was gewesen. Das Mädchen wandte sich nun an eine flüchtig bekannte Freundin, von der sie wusste, dass diese eine Verwandte in England hatte, die sich mit Geisterheimsuchungen auskannte. Ihre Freundin telefonierte auch gleich mit ihrer Verwandten und erzählte ihr, was ihren Freundinnen passiert war. Die Verwandte versprach ihr, für ihre drei Freundinnen zu beten um sie von diesem Geist zu befreien. Gleichzeitig gab sie ihr auch den Rat, den Kontakt zu diesen Freundinnen zu beenden, da diese sich etwas sehr Böses ins Haus geholt hatten und dieses Böse allein durch den Kontakt auf sie übergehen könnte. Auch solle sie die Finger vom Gläser- und Tischrücken lassen, man wisse nicht, was man sich ins Haus hole. Die Freundin sagte dann dem Mädchen, dass ihre Tante für sie beten würde und brach dann den Kontakt ab. Später hörte die Bekannte, dass den Mädchen noch mehr Unheimliches und Unerklärliches passiert sei.

Geist entkommt beim Glaslrücken

Eine Gruppe Jugendlicher traf sich immer in einer alten Jägerhütte im Wald. Eines Tages kamen sie auf den Gedanken, dort einmal das Glaslrucken zu probieren. Sie bereiteten den Tisch dafür vor, drehten ein Glas mit der Öffnung nach unten und beschworen einen Geist. Der gerufene Geist beantwortete ihnen ihre Fragen, wie zum Beispiel, wie er im Leben geheißen hat, wie er gestorben ist und einige weitere. Auf einmal kippte das Glas um, ohne dass zu dem Zeitpunkt jemand das Glas berührte. Im gleichen Augenblick zog ein kalter Windhauch durch die Hütte und ein Rehbockgehörn fiel von der Wand, das dort angenagelt war. Die Jugendlichen verließen vor lauter Schreck schnellstens die Hütte und keiner von ihnen kehrte je wieder dorthin zurück.

Geist klopft an

Ein Junge und seine beiden Cousins trafen sich an einem Abend in einem Baumhaus und wollten aus Spaß das Glaslrucken probieren. Sie bauten alles auf und riefen den Geist. Als sie ihn dann fragten, wer er sei, klopfte es im unteren Stockwerk des Baumhauses. Die drei Jungen schauten aus dem oberen Fenster runter auf die zu dem Baumhaus führende alte Brücke, genau in der Mitte der Brücke fehlten ein paar Bretter und genau dort stand ein Mann, schwarz gekleidet, mit einem großen schwarzen Stock und einem sehr großen schwarzen Hut. Der Mann hatte den Blick zu Boden gesenkt, so dass sie sein Gesicht nicht erkennen konnten. Zu Tode erschrocken wichen die drei Jungs vom Fenster zurück und hatten panische Angst. Nach einiger Zeit, als sie nichts mehr hörten, wagte sich einer zum Fenster und prüfte, ob diese Gestalt immer noch da sei. Sie war aber Gott sei Dank verschwunden. Kein Mensch wusste, dass die drei Jungen dort das Glaslrucken probierten und kein Mensch konnte wissen, wann sie die Frage „Wer bist du“ stellten. Zeigte sich ihnen der Geist, den sie riefen?

Geist prophezeit den nahen Tod

Ein paar Freunde trafen sich zum Glaslrucken. Nach ein paar an den Geist gestellten Fragen fing plötzlich das Glas an, von selber zu fahren, ohne dass eine Frage gestellt wurde. Das Glas buchstabierte: Z-U-H-A-U-S-E-S-A-R-G-Q-U-A-L-E-N, also „zu Hause Sarg Qualen“. Auf einmal läutete es an der Haustür, es war die Schwester einer anwesenden Frau. Die Schwester sagte ihr, dass sie sofort nach Haus müsse, da gerade ihre Großmutter gestorben sei. Sie war schon lange krank gewesen und war heute nach einem großen Schmerzanfall gestorben. Keiner der Anwesenden beim Glaslrucken konnte das voraussehen und das Glas auf diese Buchstaben rücken, es muss eine Prophezeiung des Geistes gewesen sein.

Geist schaut zum Ofentürl raus

Ein paar Jugendliche trafen sich in einer alten Hütte und wollten dort Glaslrucken, da es schon Herbst war, heizten sie den Ofen, der sich in der Hütte befand, ein. Sie begannen mit dem Glaslrucken und fragten den Geist einige Sachen, die sie interessierten, sie merkten aber, dass der Geist nur widerwillig antwortete. Aber immer wieder stellte jemand eine Frage an den Geist, wie geht es dir? Wer bist du? Wie bist du gestorben?.... Plötzlich sprang das Ofentürl auf und die Flammen züngelten aus dem Ofen, alle Anwesenden schauten erschrocken zu dem Ofen, in den Flammen war ein menschlicher brennender Kopf, mit schmerzverzerrtem Gesicht zu sehen. Einer der Gruppe fasste sich Mut und schloss schnell das Ofentürl. Die Jungendlichen waren danach so erschrocken, dass sie das Glaslrucken beendeten. Wollte der Geist ihnen sagen, dass seine Seele im Fegefeuer brennt?

Geist trinkt Bier

Eine Familie wollte wieder mal Glasl rucka. Als sie den Geist fragten, ob er da sei, rückte er auf die Buchstaben J-A, der Großvater fragte dann den Geist: „Mogst a Bier", das Glas rückte wieder auf die zwei Buchstaben J-A. Da schüttete der Großvater ein bisschen Bier auf den Tisch, das Glas rückte sofort zu dem Bier und hielt am Rand der Bierpfütze an. Auf einmal wurde das Bier unter das Glas gezogen und im Glas verdampfte es restlos; nur noch ein beschlagenes Glas erinnerte an das Bier. Alle schauten sich erschrocken an und beendeten das Glaslrucka.

Geist will tanzen

Eine Gruppe Jugendlicher traf sich zum Glaslrucken. Die Gruppe baute alles auf und alle legten einen Finger aufs Glas. Sie beschworen einen Geist und befragten diesen eine Zeit lang. Nach einiger Zeit fragte jemand den Geist, ob er tanzen wolle, der Geist antwortete mit Ja. Da schaltete eine Frau aus der Gruppe das Radio ein, das Glas fing an sich im Kreis zu drehen und zu tanzen, es bewegte sich immer noch, als alle schon vor Schrecken den Finger vom Glas genommen hatten. Da dies nun der Gruppe zu unheimlich wurde, beendeten sie die Geisterbeschwörung.

Hund spürt den Geist

Ein paar Leute trafen sich wieder mal in einer Wohnung zum Glaslrucken. Sie riefen den Geist und stellten ihm einige Fragen. Am Abend verließen alle die Wohnung, nur das Pärchen, dessen Wohnung es war und sein Hund blieben zurück. Das Pärchen machte es sich im Wohnzimmer gemütlich und sie schauten einen Film an. Plötzlich wurde der Hund aufgeschreckt, starrte in eine Ecke des Wohnzimmers und fing zu bellen an. Der Mann wollte den Hund beruhigen, aber ohne Erfolg. Der Hund stand mit aufgestellten Nackenhaaren zwei Meter vor der Ecke und bellte aggressiv in diese. Der Frau wurde es unheimlich zu Mute und sie dachte sofort, dass dieses Geschehnis etwas mit dem vorherigen Glaslrucken zu tun haben musste. Sie war der festen Meinung, dass der Geist nicht gegangen sei, sondern in der Wohnung verblieben ist. Diese Vermutung sagte sie ihrem Mann, der dies aber nur als Blödsinn abtat. Die Frau bat den Mann, er solle in die Küche gehen und das Weihwasser holen. Zuerst wollte der Mann nicht, aber als seine Frau nicht locker ließ und der Hund sich nicht mehr beruhigte, holte er das Weihwasser. Er spritzte das Weihwasser in die Ecke und sagte dazu: „Hau ab, du Teufel". Sofort, nachdem der Mann dieses gesagt hatte, hörte der Hund zu bellen auf und legte sich wieder auf den Teppich. Nun waren sich beide sicher, dass der Geist noch immer in der Wohnung gewesen war und der Hund sie vor dem Geist warnen wollte. Das Weihwasser hatte den Geist vertrieben.

SATAN wird beschworen

Eine Gruppe traf sich öfters zum Glaslrucken. Bei den letzten Malen war immer der Geist eines Verstorbenen namens Erik gekommen und hatte ihnen von seinem Leben und wie er gestorben war, berichtet. Diesmal waren auch einige neue Teilnehmer dabei, die schon gespannt auf die Geisterbeschwörung waren. Alle legten den Finger auf das Glas und es bewegte sich auch gleich. Die meisten Beteiligten, die schon öfter dabei gewesen waren, warteten schon gespannt, waren sich eigentlich sicher, dass Erik sich wieder meldet, aber als sie ihn nach seinen Namen fragten, fuhr das Glas als erstes auf den Buchstaben S. So wussten sie gleich, es musste ein anderer Geist die Einladung angenommen haben. Das Glas wanderte auf den Buchstaben A, dann auf T, wieder auf A und dann noch auf N. Als der erste Teilnehmer das Wort SATAN aussprach, schauten alle mit Entsetzen auf das Glas am Tisch. Ein Mann nahm sofort seinen Finger vom Glas und ging vom Tisch weg mit den Worten: „So ein Schmarrn". Gleich darauf fing das Glas wie verrückt an hin und her zu fahren. Alle die noch einen Finger auf dem Glas hatten, konnten diesen nur mit größter Kraft wegnehmen. Es war, als wären sie am Glas festgeklebt. Als sich nun alle vom Glas weggerissen hatten, sauste es mit einer hohen Geschwindigkeit über den Tisch und flog in die Ecke. Alle schauten dem Glas entsetzt hinterher und warteten darauf, dass es in tausend Scherben zerbrach. Das dünnwandige Glas schlug mit einem lauten Knall in eine Ecke des Raumes und fiel zu Boden, ohne den kleinsten Sprung zu haben. Alle Teilnehmer schauten sich verdutzt an und waren sich einig, den Abend zu beenden und nach Haus zu fahren. Einige waren so verängstigt, dass sie nicht allein aus dem Haus gehen wollten. Hatte die Gruppe wirklich SATAN beschworen und war dieser so erbost darüber, dass ein Mann den Finger vom Glas nahm und so die Beschwörung beendete?

Wo ist Uwe?

Eine Gruppe traf sich ab und zu zum Glaslrucken, auch ein Mann namens Uwe war immer dabei. Es waren immer sehr schöne Abende und die Gruppe verstand sich sehr gut. Eines Abends trafen sie sich wieder, nur Uwe kam nicht. Sie fragten sich gegenseitig, ob jemand was weiß, aber keine wusste was. Auch am nächsten Treffen kam Uwe nicht, er war spurlos verschwunden. Ein paar Tage später wurde das Auto des Mannes gefunden und bald darauf seine Leiche. Man fand ihn sitzend mitten in der Donau neben dem Brückenpfeiler, von der Brücke zwischen Deggendorf und Fischerdorf. Diesen Brückenpfeiler konnte er zu Fuß nicht erreichen, da er rundum von der Donau eingeschlossen war. Man fand dort kein Boot, mit dem er dorthin gekommen war, auch seine Kleidung war trocken und sauber. Keiner konnte sich erklären, wie Uwe dorthin gekommen war. Seine Todesursache konnte auch nicht geklärt werden, er hatte keine äußeren oder inneren Verletzungen, auch ein Herzinfarkt wurde ausgeschlossen.

Hatte sich Uwe beim Glaslrucken einen bösen Geist geholt, der ihn umgebracht hatte?

Das Glas mit dem Geist will nicht zerbrechen

Einige Jugendliche trafen sich zum Glaslrucken in einer Hütte bei Hohenwarth. Sie richteten den Tisch her und legten das Glas mit der Öffnung nach unten auf den Tisch. Jeder der Gruppe legte einen Finger auf den Glasboden, dann rief einer aus der Gruppe den Geist eines Verstorbenen, den alle kannten. Nach kurzer Zeit fragte dann eine Frau aus der Gruppe, ob der Geist schon anwesend sei, auf einmal bewegte sich das Glas und glitt auf das „Ja" am Tisch zu. Da nun der Geist anwesend war, fragte jeder aus der Gruppe eine Frage, die sonst keiner der anderen gewusst hätte, den Mädchennamen der Großmutter oder das Geburtsdatum des Vaters und so weiter. Da der Geist alle Fragen richtig beantwortete, waren sich die Jugendlichen sicher, dass der Geist echt war und keiner aus der Gruppe das Glas manipulierte. Durch diese Sicherheit, dass sie einen echten Geist im Glas hatten, wurde den Jugendlichen auch ein wenig ängstlich zumute, so wollten die meisten aus der Gruppe keine Fragen an den Geist mehr stellen, er könnte ja was sagen, was sie nicht wissen wollen. Nur einer aus der Gruppe stellte eine Frage: „Wer hat als nächster von uns einen Autounfall?" Der Geist fuhr einige Buchstaben auf dem Tisch ab und diese ergaben den Namen eines Jungen aus der Gruppe. Da es nun dem Jungen, der den Unfall haben sollte, zu viel wurde, nahm er das Glas und warf es auf den steinigen Boden vor der Hütte. Das Glas zersprang aber nicht wie angenommen in tausend Scherben, sondern blieb ganz, es sprang beim Aufprall sogar wieder in die Luft und dem Jungen ans Bein. Die ganze Gruppe schaut geschockt auf das Glas, alle meinten, der

Geist sei böse geworden und wolle nicht gehen, so kam einer aus der Gruppe und trat mit seinem Schuh auf das Glas. Diesmal zersprang das Glas und alle waren erleichtert. Der Junge, der als nächster einen Unfall haben sollte, hatte wirklich als erster einen. Ein paar Monate später ist er tödlich verunglückt.

Rauhnachtsgruppen

Dreiflüsseteufel Passau

Uns gibt es seit 2011 und wir bieten eine atemberaubende Show für Jung und Alt, mit Feuer und Musik, ca. 60 schaurig schöne Perchten, Hexen, Engel und Kinderperchten.

Lassen Sie sich entführen in eine Welt der Mystik und Faszination …

Eine Attraktion für ihre Veranstaltung, Weihnachtsmarkt oder Weihnachtsfeier.

Kontakt: www.dreifluesseteufel.de

Facebook: Dreiflüsseteufel Passau

Oberpfälzer Schlossteufeln e.V.

Wir sind eine Krampusgruppe mit Nikolaus, Engeln ..., Waldmandeln und Hexen. Die Oberpfälzer Schlossteufeln wurden im August 2004 gegründet und umfassen bis heute 46 Mitglieder aus dem Raum Regensburg/ Oberpfalz. Unser vorderstes Ziel ist es, vergessene alte Bräuche und Traditionen wieder ins Leben zu rufen. Dieses wird in Form von öffentlichen Auftritten bei Weihnachtsmärkten, Perchtenläufen und Rauhnächten gepflegt.

Wir treten auf Weihnachtsmärkten, Rauhnachtsevents, Hochzeitsfeiern, Brautentführungen, Geburtstagen, Firmenfeiern uvm. auf.

Kontakt: http://www.oberpfalz-schlossteufeln.info/

Facebook: Oberpfälzer Schlossteufeln e.V.

Woid Krampal

Unsere Gruppe wurde 2015 gegründet und besteht mittlerweile aus 30 Mitgliedern.

Den Krampus- und Perchtenbrauch, der aus dem Alpenvorland und Österreich stammend ist, möchten wir gerne in unsere Region mit einbringen.

Unsere Auftritte und Shows finden hauptsächlich von Mitte November bis Anfang Januar statt. Zum Beispiel auf Weihnachtsmärkten und Rauhnachtsveranstaltungen.

Der Sinn einer Percht ist Glück zu bringen und steht für das Gute.

Der Krampus hingegen ist der Begleiter des hl. Nikolaus und bestraft das Böse.

Kontakt:

Email: woid.krampal@gmx.de

Facebook: DWoid Krampal

Nachwort

Rauhnächte. Für unsere Vorfahren eine wichtige Zeit sich zu besinnen, den Göttern zu huldigen und zu danken. Ab dem Industriezeitalter wurden die Menschen immer aufgeklärter und hatten nicht mehr viel übrig für das Mystische.

Das alte Wissen geriet langsam in Vergessenheit, nur die Einheimischen in den Bergregionen, wie den Alpen oder dem Bayerischen Wald, versuchten die Traditionen aufrechtzuerhalten. Nach den beiden schrecklichen Weltkriegen wollte aber auch hier keiner mehr was über diese dunkle Zeit der Rauhnächte wissen. Nur noch bestimmte Rituale haben sich im Bayerischen Wald vereinzelt erhalten.

Erst seit einigen Jahren steigt das Interesse am Mystischen wieder, so sind auch die Rauhnächte wieder gefragter. Das Problem ist, dass viel Wissen verloren und nur noch zu erahnen ist, weshalb und wie bestimmte Riten oder Orakel auszuführen sind.

Dies war mein Beweggrund dieses Buch zu schreiben. Ich habe hier auf vielen meiner Veranstaltungen versucht, den älteren Menschen noch einiges abzulauschen. Auch aus der eigenen Familie und dem Bekannten- und Freundeskreis war noch etwas erhalten, das ich in das Buch mit einbringen konnte. Die drei Rauhnachtsgruppen, die in diesem Buch vorgestellt werden, konnten sehr viel dazu beitragen, dass dieses Buch entstanden ist.

Sehr freut es mich, dass diese Gruppen sich nicht allzu sehr von den Perchtenvereinen beeinflussen lassen und sich eher darauf konzentrieren, das traditionelle Brauchtum im Bayerwald zu erhalten.

Ich denke, dass die Rauhnächte für diese stressige, schnelllebige Zeit sehr wichtig sind. Es ist die Zeit um Weihnachten, wo viele Leute Urlaub haben, diesen aber nicht nutzen. Diejenigen, die die Interessen der Wirtschaft vertreten, gaukeln uns vor, was alles an Weihnachten sein muss, was wir alles brauchen und schenken müssen, und so ist es in dieser Zeit noch stressiger als sonst im Jahr. Nach dem Weihnachtsurlaub sind wir vollgefressen und gestresster als zuvor.

Eigentlich, so zeigen es die Rauhnächte, soll dies eine Zeit der Ruhe und Besinnung sein. Brauchen wir die ganzen Weihnachtsgeschenke? Wenn wir etwas wollen, wird es doch sowieso unter dem Jahr gleich gekauft und an Weihnachten kaufen wir uns teure Sachen, ohne die wir geradeso leben könnten. Natürlich ist es für die Kinder wichtig, diese zu beschenken, aber unter uns Erwachsenen, macht dies eigentlich noch einen Sinn?

Oder wäre es nicht besser, in dieser Zeit gemeinsam besinnlich etwas zu Hause zu unternehmen, Weihnachten wie früher unter dem Tannenbaum zu feiern und nicht bis tief in die Nacht die Geschenke auszupacken und zusammenzubauen?

Was ist besser für die Familie als Zeit zusammen zu verbringen und etwas gemeinsam zu machen, einfach miteinander zu reden?

Ich habe es noch tief in meiner Erinnerung, wie mein Großvater von der Dreikönigsweihe nach Haus kam, Weihwasser und Weihrauch mitnahm und wir in der Nacht von Zimmer zu Zimmer gingen, räucherten und das Weihwasser in jedes Zimmer spritzten.

Mein Großvater ist nun schon lange tot, doch diese Erinnerung bleibt. Es stellt sich die Frage, ob ein teures

Geschenk, das wir in unserer Kindheit von den Großeltern bekamen, auch so lange in Erinnerung bleibt?

Darum sage ich, nutzt diese Rauhnachtstage zur Besinnung und zur inneren Einkehr, so kann dann das neue Jahr vielleicht schon planvoll, auf jeden Fall aber ausgeruht beginnen.

Das Wort Rauhnacht wurde bewusst mit der alten Schreibweise mit „h" geschrieben.

Viel Spaß beim Lesen wünscht

Probst Sepp

Der Autor

Geboren am 20.09.1975

1982 – 1992 Grundschule Regen
Hauptschule Regen
Realschule Regen

1992 – 1996 Ausbildung zum
Radio & Fernsehtechniker

1996 – 1997 Bundeswehr Germersheim / Freising

seit 1997	Elektronik-Facharbeiter bei der Fa. Zollner in Zandt
2007	Hochzeit mit meiner Frau Katharina
2007	Geburt meines Sohnes Maximilian Josef
2009	Erscheinung des ersten Buches „Zwischen Geißkopf und Arber“

2009	Geburt meines zweiten Sohnes Thomas Benedikt
2010	Erscheinung des zweiten Buches „Zwischen Lusen und Osser“
2011	Erscheinung des dritten Buches „Zwischen Rachel und Kaitersberg“
2013	Erscheinung des vierten Buches „Zwischen Dreisessel und Hohenbogen“
2015	Erscheinung des fünften Buches „Mystischer Bayerischer Wald“
2016	Erscheinung des sechsten Buches „Rauhnächte im Bayerischen Wald

Quellen

Bilder D`Woid Krampal Müller Erwin

Bilder Oberpfälzer Schlossteufel
Tanja Kowalewsky Wunschtraum Fotografie
Tanja Gärtner
kontakt@oberpfalz-schlossteufeln.info

Bilder Dreiflüsseteufel Passau

Bilder Hotshohs Frank Gesink
www.hotshots.frankgesink.de
Masken Passauer Höllengeister e.V.

Bilder Josef Probst

Erzählt von:

Dendorfer Evi
Margareta Hebert
Feineis Christian
Reismann Helene
Fichter Walter
Helml Walter
Probst Alois
Probst Waldtraud
Helml Anna
Bogner Andreas
Ebner Julia
Friedl Rita
Schneiderbauer Stephan
Wühr Andreas
Probst Karoline
Weber Franziska
Krottenthaler Armin
Leppert Stephanie

Sollten Sie auch kennen ...

Zwischen Geißkopf und Arber

Dieses Buch lässt uns in die längst vergangene Zeit unserer Vorfahren blicken, welche Bräuche sie im Laufe des Jahres hatten und an was sie glaubten.

Mythen aus dem 2. Weltkrieg im Bayerischen Wald.

Zwischen Lusen und Osser

Wie bereits in seinem ersten Buch begleitet uns Josef Probst auch „Zwischen Lusen und Osser" nicht nur geografisch durch den Bayerischen Wald sondern auch auf einer Reise durch Geschichte, Brauch und Denkweise.

Zwischen Dreisessel und Hohenbogen

Dieses Buch beinhaltet eine Sammlung von: - Bräuchen, die noch lebendig sind, aber immer mehr in Vergessenheit geraten. - Sagen aus dem Bayerischen Wald. - Erklärungen zu Sagengestalten, - Wissenswertes und Gedichte über die Rauhnächte. - Waidlerrezepte aus Uromas Zeiten. - Sprüche aus dem Bayerischen Wald. - Lustige Geschichten. - Wissenswertem aus dem Leben unserer Vorfahren. - Und vielem mehr…

Zwischen Rachel und Kaitersberg

Einer Reise durch Geschichte, Brauch und Denkweisen von Land und Leuten. • was an Bräuchen hier lebendig war oder noch ist • welche Sagen sich die Menschen erzählten • was sie fürchteten und was sie amüsierte • Rezepte für Getränke und Speisen • lustige Erwachsenen- und Kinderspiele • Wissenswertes und Mythen aus alten Zeiten • Sagen und Sagengestalten • Burgen und ihre Geschichten.

Mystischer Bayerischer Wald

Sagenumwobene Orte, Volkssagen und Geistergeschichten

Josef Probst beschreibt sagenumwobene Orte, Volkssagen und Geistergeschichten aus dem Bayerischen Wald. Er berichtet über die Drud, die weiße Frau, eine vorchristliche Opferschale auf dem Teufelstisch und eine Opferschale bei Zwiesel.

Weiter behandelt das Buch Teufelssagen, Mystische Orte wie z. B. den Weizriegel, es erzählt von glühenden Fußabdrücken, dem schwarzer Geisterhund, dem Boandlkramerhund und einem Buckelgeist.

Es beinhaltet zahlreiche Geschichten, über das Anmelden der Toten, Irrlichter, Hexen und vielen weitere...

Nur wer die Vergangenheit kennt, kann die Gegenwart verstehen und die Zukunft meistern.

Vorträge über:

- **Rauhnächte im Bayerischen Wald**
- **Die Sagenwelt des Bayerischen Waldes**
- **Sagen und Geschichtenabende**
- **Wanderbegleitung zu mystischen Orten im Bayerischen Wald**

Buchbar unter:

Josef Probst

Telefon: 09921 2813

Facebook: Mystischer Bayerischer Wald